オープン・ス[ペース]
テクノロジー

5人から1000人が輪になって考えるファシリテーション

Open Space Technology
A User's Guide

ハリソン・オーエン ──── 著
Harrison Owen

株式会社ヒューマンバリュー ──── 訳
HUMAN VALUE

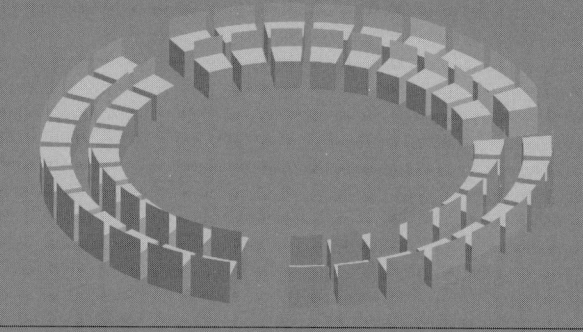

HUMAN VALUE

監修者まえがき

株式会社ヒューマンバリュー
代表取締役　高間邦男

　近年、組織を取り巻く外部環境システムがどんどん変わっています。また、組織を取り巻くステークホルダー（関係者）も増加し、働く人々の価値観や属性も多様化してきています。それに伴い、組織の中で、何が正しいかという価値観・基準も変化しています。
　こういった環境の変化によって引き起こされる問題は、より複雑性を増してきており、これまでの問題解決の手法やトップダウンでの方法では変化に対応できなくなっています。
　そこで最近は、関係者全員が参加するホールシステム・アプローチといった「全員参加の話し合い」のミーティング手法を導入する組織が増えてきました。
　日本でも、一堂に会して話し合うことの重要性は多くの経営者達にも認知され始め、経営層が社員とのひざ詰め対話などを実践するケースが増えています。しかし、ただ話し合いの場をもっても、多くの場合は儀礼的な会話で終始し、たまに本音を話すと対立になってしまい、期待した効果がでてこないようです。
　そういった状況に陥らないためには、話し合いの適切な場づくりとプロセスの設計が必要です。トップやボトムといった階層の垣根がなくオープンに話し合いができる環境、メンバーが主体的に課題を提示し、皆で状況や体験を共有し、内省性を深め、未来への想いを合わせ、自律的に解決策の創造と意思決定を行っていく進め方が求められます。
　そういった背景から、最近は組織を経営する方法や変革する方法として様々なミーティングの手法が生み出されてきており、現在もなお更なる進化をみせています。

こういった手法の中で、本書の著者であるハリソン・オーエン氏のオープン・スペース・テクノロジー（OST）は特に有名です。オープン・スペース・テクノロジーは、組織変革を推進する際に根深い葛藤や複雑な問題が未解決のままにある場合に適用すると、高い効果があります。また失敗がない安定度の高い手法として、世界中のコンサルタントやファシリテーターによって様々な組織で活用されています。

　しかし不思議なことに、このすばらしい代表的な手法が一部の外資系企業を除いて、日本ではまったくといってよいほど知られていませんでした。

　ヒューマンバリューでは、2004年にメンバーがハリソン・オーエン氏の自宅を訪ねて親しくお話しを聞かせていただき、日本の組織変革の質を向上させるためにも、ぜひオープン・スペース・テクノロジーを日本の皆様に紹介すべきだと考えました。そこで、2005年の11月に学習する組織コンファレンスを開催し、ハリソン・オーエン氏をお招きして講演をお願いしました。また、会議の後、私の湯河原の自宅にもお越しいただき、詳しく背景や思想についてご教示いただくことができました。その際に、オープン・スペース・テクノロジーをヒューマンバリューが日本で展開することをオーエン氏から提唱されました。そのためには、思想的な背景から実際の進め方まで理解できるようになっている「ユーザーガイド」（ガイドブック）と呼ばれている本書をまず読み、そしてオーエン氏からファシリテーターとしての指導を受けるのが良いということになりました。そういったことから、2006年の10月にハリソン・オーエン氏によるワークショップを山梨県にあるリゾナーレで開催しました。

　リゾナーレでのワークショップの後、オーエン氏を空港にお送りする途中で、もし今の時点でオープン・スペース・テクノロジーについてガイドブックを書いたら、もう少し違う内容になっているの

ではないかと質問させていただきました。答えは私が想像していた通り、進め方についてはあのように詳しくは書かないだろうということでした。こういった質問をさせていただいたのは、実際に親しくご指導いただいた際に拝見した、オーエン氏のオープン・スペースの進め方は、無駄なことをどんどん省いて、よりシンプルになっているように感じたからです。本書をお読みくださる方の中で、オープン・スペース・テクノロジーを実践しようと思う方には、本書のあまり詳細な部分にこだわらないようにお勧めしたいと思います。ただ、ヒューマンバリューが実施した経験では、オープン・スペース・テクノロジーのイシュー（議題）の出し方や、本書の中で解説されている４つの原理などのコアとなる部分には他の手法を混ぜたりしないほうがうまくいくということがわかりました。また、私自身このやり方は日本人の文化には合わないのではないかという危惧を感じていたのですが、それはまったく不要な心配だったということも併せてお伝えしておきたいと思います。

　本書を翻訳するにあたっては、ヒューマンバリューが毎月定期的に開催しているラーニング・オーガニゼーション研究会において、永年様々な書籍の翻訳を依頼している米国在住の高間寛氏が翻訳したものをベースにしています。それを基に、ヒューマンバリューの高間裕美子、御宮知香織、堀田恵美が、著者との交流を通じて、より内容を深める形で再度翻訳をし直すというプロセスをとりました。また、オーエン氏の原著には、執筆当時のパソコンの活用法やソフトウェアの紹介がされてありましたが、現在ではそういったIT環境も著しく進化していることから、読者の皆さんに不要な混乱を招かないように私のほうで削除させていただきました。

　そして編集制作では、ヒューマンバリューの阿諏訪博一と齋藤啓子、関西ＣＳの高木伸浩氏、そしてフリーライターの大八木智子氏

のお力添えをいただきました。これらの皆さんに感謝申し上げます。

　本書をお読みなった皆様が、関係者を一堂に招待し、オープン・スペース・テクノロジーを用いることができれば、そこでは高い相互作用が生み出され、問題の共有とアクションプランがスピーディに創造できることを体感されるでしょう。

　皆様が、オープン・スペース・テクノロジーを活用して、メンバーが生き生きと主体的に取り組むことができる組織文化を創造されることを願っています。

日本版発刊に向けて著者まえがき

　オープン・スペース・テクノロジー（Open Space Technology）は、とてもシンプルなアプローチです。このアプローチにより、新製品の開発や戦略策定、また疲弊した組織の再生など、大規模で、複雑なコンフリクトの多い課題に対して効果的に取り組むことが可能になります。しかし、OSTについて耳にした多くの人々は、それがあまりにもシンプルなため、機能するはずがないと思い込みます。あるいは、他ではうまくいったかもしれないが、自分のグループや組織では、うまくいかないだろうと考えます。この懐疑論は、理にかなっているように見えます。オープン・スペースでは、参加者はただ輪になって座り、参加者が検討したいと思った議題を貼る掲示板を創り、ミーティングの時間と場所を交渉するためにマーケットプレイスを開きます。そして、参加者はそれぞれの課題に取り組むだけなのです。

　オープン・スペースの開催前には、参加者のためのトレーニングも、長時間のプランニング・プロセスもアジェンダ設定もありません。サポートを行うファシリテーターが1人は必要ですが、それも開始時のほんの短い間だけです。その後は、終了するまでファシリテーターが目立つことはありません。他のアプローチに比較すると、これは明らかに効果的で経済的なモデルです。しかし、これは本当にうまくいくのでしょうか？そしてもっと重要なこととして、皆さんや、皆さんが開催される会議の参加者にうまく機能するのでしょうか？

　オープン・スペース・テクノロジーは1985年に登場し、その後123カ国で何百万人の人々により、10万回以上も使われてきました。参加者の規模は、5人から2000人以上を対象としてきました。その使い方の幅は驚くべきものがあります。たとえば、ボーイング・

エアクラフト（Boeing Aircraft）では、飛行機のドアの製造プロセスを再設計するためにオープン・スペースが使われました。そして、彼らは誰もが何年もかかると思っていたことをわずか2日でやり遂げたのです。小規模の企業では、販売促進方法を創り出したり、新製品開発のために活用しています。また、世界中のコミュニティーでは、オープン・スペースが、すべてのステークホルダーを集め、問題を解決するすばらしい方法であることを発見しました。そして、中東では、紛争の当事者を集めて、平和解決への答えを求めて、大規模なオープン・スペースが行われました。言うまでもなく、中東においての平和はまだ確立されていませんが、オープン・スペースで出会った人々は、もしオープン・スペースでの絆がなかったら、事態はさらに悪化していたというでしょう。

　オープン・スペース・テクノロジーは新しいものではありません。実際に、世界中で少なからぬ実績があります。しかし、実績は、あなたが気にかけている質問の答えにはならないでしょう。「それは、私と、私のグループに機能するでしょうか？」その質問に答えられるのはあなただけです。そして、あなたが手に取っている本書が、前に進むためにあなたが知りたいと思うことをすべて説明してくれるでしょう。しかし、本書を読むことだけではその答えは得られません。まずは、オープン・スペースをやってください！そうすれば、理解することができるでしょう。

　また、あなたがやってみようと決めたなら（わたしは心からそうしてくれることを願っていますが）、世界中の何百万人もの人々が発見したことを、あなたも発見することでしょう。オープン・スペースを体験すると、規模を問わず、参加者は、能率良く効果的に自らの人生の課題と機会に立ち向かい、大変短い時間でパワフルな解決策を見つける可能性が高いのです。そして最も注目すべきこととして、参加者はそのプロセスを楽しんでさえいるように見えるのです。

（実際、彼らは、楽しんでいます！）

　しかし、1つ忠告しておきます。あなたがオープン・スペースをあなたのグループや職場、コミュニティーで行うことを決めたら、その結果は私が説明した通りになると思いますが、その結果を伝えたとき、友人や同僚が懐疑的であっても、驚かないでください。そして、あなたは質問の答えを得ることでしょう。オープン・スペースは機能します。それは、どこか他の場所にいる他の人たちにとってだけではなく、まさにこの場所の、この瞬間に、あなた自身に機能するのです。

　本書は、オープン・スペースを始めるために必要だと思われることをすべて説明しています。しかし、もしあなたがさらなる支援が必要だと思ったら、私はヒューマンバリューの良い人々を知っています。ヒューマンバリューは本書の翻訳を可能なものとしてくれた会社ですが、必要があれば、喜んで皆様の助けとなることでしょう。彼らは、読者の皆さんがこの瞬間そうであるかもしれないように、あらゆることを懐疑的に感じ、その後、世界中のオープン・スペースの何百という人々に加わったのです。私は、ヒューマンバリューが自らの体験を喜んで共有するであろうことを確信しています。

ハリソン・オーエン
2006 年 12 月

目次

監修者まえがき
日本版発刊に向けて著者まえがき

序章	1
第1章　オープン・スペース・テクノロジーとは？	5
オープン・スペース・テクノロジーの起源	8
今日までの体験	12
本の概要	17
第2章　準備	21
適切さ	22
オープン・スペース・テクノロジーは常に機能する	23
フォーカスと意図	25
参加者	27
時間とスペース	33
その他の考慮～たとえば、いつ食事をするのか？～	40
資材	41
マネジャーとの相談	43
オープン・スペースのためのチェックリスト	44
第3章　エレクトロニック・コネクション	49
実践ではどのようにすればよいのか？	51
プリンターは何台？	58

パソコンなしのレポート作成　　　　　　　　　　　59
　　　コンピュータ・コンファレンスとマルチサイト・オープ
　　　ン・スペース　　　　　　　　　　　　　　　　　59
　　　追加オプション　　　　　　　　　　　　　　　　62
　　　より一般的な適用　　　　　　　　　　　　　　　64

第4章　オープン・スペースに向けてのファシリ
　　　　テーターの準備　　　　　　　　　　　　　　　67
　　　時間とスペースを創り、それを保持する　　　　　69
　　　確実に存在する　　　　　　　　　　　　　　　　74
　　　時間とスペースを創り出す〜アンジーの助けを借りて〜　76

第5章　会場準備　　　　　　　　　　　　　　　　　　79
　　　実際の準備：円状に並べられた椅子　　　　　　　81
　　　張り紙の作成と掲示　　　　　　　　　　　　　　83

第6章　開始：時間とスペースを創り出す　　　　　　　95
　　　歓迎　　　　　　　　　　　　　　　　　　　　　97
　　　参加者を集中させる　　　　　　　　　　　　　　98
　　　テーマの宣言　　　　　　　　　　　　　　　　　99
　　　プロセスの説明　　　　　　　　　　　　　　　　101
　　　質問は？　　　　　　　　　　　　　　　　　　　109

第7章　4つの原理と1つの法則　　　　　　　　　　　111
　　　1つの法則　　　　　　　　　　　　　　　　　　116
　　　バンブルビーとバタフライ　　　　　　　　　　　117
　　　最後の注意点　　　　　　　　　　　　　　　　　118

作業に取りかかるとき　　　　　　　　　　　119

第8章　取りかかりのとき　　　　　　　　　　121
　　コミュニティー掲示板を作成する　　　　　　123
　　ビレッジ・マーケットプレイスを開く　　　　126

第9章　スペースと時間を保持する　　　　　　129
　　紙コップやゴミを集める　　　　　　　　　　130
　　モーニング・アナウンスメントとイブニング・ニュース　131
　　鐘が鳴る　　　　　　　　　　　　　　　　　133
　　人々をエンパワーする　　　　　　　　　　　135
　　道路の落とし穴　　　　　　　　　　　　　　137

第10章　3日間のオープン・スペースのための特別な考慮　147
　　情熱からアクションへ　　　　　　　　　　　148
　　1つの部屋の中にホール・システムをもち込む　149
　　アクションに向けての収束ステップ　　　　　150

第11章　終了と新たな始まり　　　　　　　　161
　　トーキング・スティックの儀式　　　　　　　163
　　トーキング・スティックの儀式に代わるもの　168
　　オープン・スペースに関する振り返り：メディシン・ウィール　169

第12章　二次的な利点とフォローアップ　　　177
　　インスタント・オーガニゼーション〜もう少しで〜　178
　　アドバンスド・ヒューマン・パフォーマンス〜今〜　180

第 13 章　次の段階へ向けて 185
　オープン・スペース・テクノロジーの研究 186
　その他の適用 189
　組織的介入のツールとしてのオープン・スペース・テクノロジー 190
　ノン・コンクルージョン（結論なし） 194

ハリソン・オーエン氏によるオープン・スペースに関する著書 197
オープン・スペース・インスティテュートについて 199
著者について 202

序章

まず初めに、オープン・スペース・テクノロジー（Open Space Technology）※は、H・H・オーエン・アンド・カンパニーの専売プロダクトではないということを明らかにしておきたいと思います。かといってOSTは利他主義的なものでも、常軌を逸しているものでもありません。それは、真実を単純に認識するということなのです。OSTのアプローチやデザイン、そして開発については、私の名前が前面に出ていますが、OSTは四大陸の何千という人たちが、12年以上にわたって推進してきた協働プロジェクトなのです。そして、様々な人々がOSTの参加者や、プラクティショナー（実践者）などという形で、その発展に貢献しました。また、OSTの多くの基本概念は西アフリカの小さな村や、アメリカ先住民の伝統、そして東洋のウィズダム（賢者の知恵）など、世界各国の知恵から学んだものですし、他にもOSTのアイデアの基となったものは数え切れないほどたくさんあります。つまり、OSTは世界が生み出したものなのです。

実際すでに、多くの場所で多くの人々がOSTを使用していますが、私は自分の指示に従わなければ罰則を与えるようなことはまったく考えていませんし、それぞれのやり方でOSTが使用されることを、心より喜んでいます。

もし私がOSTに対するビジョンを1つもつとしたら、OSTが会計学のよう（それが機能するため、また役に立つため、皆が使用するもの）になることを望みます。そして私の関心は、私たちがそれを上手に行えるかどうかにあります。私はこの本を、進むべき正しい道における絶対的な原則としてではなく、そのプロセスに参加し、それをより良く実践するための手引きとして執筆しました。

この本は、1992年にアボット出版社（Abbott Publishing）から

※OSTともいう。

最初に出版されました。その後、4回増刷され世界中に行き渡りましたが、この本を手にしたのはアボット出版社を探し出す労力を費やした人々だけにとどまりました。現在、読者の皆さんが手にしている本は、アボット社のオリジナル版と本書が印刷されるまでの間に、新しくOSTについて学ばれたことについてまとめた資料を合わせたものです。

　ベレット・コーラー社（Berrett-Koehler）のスティーブ・ピアサンティ氏（Steve Piersanti）は、この出版のきっかけとなった会話の中で、「今がオープン・スペース・テクノロジーをより幅広く、多くの人々に知ってもらう時である」という意見を述べてくれました。私もこの意見に賛成です。そして、スティーブやベレット・コーラー社のすばらしい皆様に、この本の出版を実現させてくれたことをこの場を借りて感謝したいと思います。

　この本は、オープン・スペースをファシリテートしたいと望む人たちに役立つようデザインされたシンプルなユーザーガイド（手引書）です。私自身が今まで目にし、実践してきたスキルを盛り込みました。中にはこの本を読み、私のやり方と異なった方法を実施する方もいるかもしれませんが、それもまたすばらしいことです。

　この本を読み進める中で、あまりにも詳細なことが書いてあると感じる場合は、そこを読み飛ばし、まずは全体像を掴むことをお勧めします。そして、全体を読み終わった後に、細かい点に戻ってみてください。また、あなたがOSTを理解し、できると思った時、あるいはそう思う少し前に、少しのスペース（考える時間）を創り出すことを強く推奨します。

　オープン・スペースは、人生の中のすばらしいことの多くがそうであるように、それをやるまでは、本当に理解することはできないのです。私は初めてオープン・スペースを実施する際に、「大きな賭け」をしなければならないような状況で、それを活用しようとは

思いませんが、多くの人々はそうして、(何とか) 切り抜けてきたのです。

　ですから、何よりもまず、実践してみてください。OSTに関して読み、考え、人々の経験を聴き、オープン・スペースのイベントに参加することはどれも好ましいことですが、友人や仕事仲間、そしてまったくの他人との間でスペースを創り出すことによって、不可能だと思っていたことを可能にすることは、あなたにとって絶対に忘れることができない体験となるでしょう。

　そして、その体験について少し振り返る機会をつくってください。そうすれば、より良いミーティングを創り出すオープン・スペースの能力は、オープン・スペースがくれた贈り物のほんの一部であるということがわかるでしょう。私にとってオープン・スペースは、よりすばらしいレベルのヒューマン・パフォーマンス（人が自然に発揮する力）を体験し、観察できる自然の研究室です。オープン・スペースでは、創造性や協力、そして純粋な楽しさが、当たり前のように現れ、その成果はインスピレーションによって生み出されるという性質をもっています。私はなぜインスピレーションによって生み出されるパフォーマンスが、組織における日常的な体験となり得ないのか理解できません。しかし、その問題に関しては、解釈と哲学の領域にまで入り込んでしまいますので言及を避けるとして、ここではわかりやすい典型的な「使い方」と「手順」をたくさん掲載したユーザーガイドを提供したいと思います。より深い理解のためには、197ページに記載してある私の著書を併せて読むことをお勧めします。

　それでは、この本を適宜利用しながら、今までも、そしてこれからもそうであろう、実にすばらしい創造的である探究に参加して下さい。ところで、この招待に応じると、1つの小さな責任が伴います。それは、この探究で発見したことを他の人に共有するということで

す。そして、共により豊かになりましょう。

ハリソン・オーエン
メリーランド州、ポトマック
1997年6月

第 **1** 章
オープン・スペース・テクノロジーとは？

1992年4月21日、225人もの人がコロラド州デンバーに集まり、先住民の土地と公有地をまたいで建設される高速道路に割り当てられた15億ドルの費用の効果的な用途を決めるために、協力的な調整を図る2日間の会議を行いました。この会議は参加者のおよそ3分の1がアメリカ先住民族、他の3分の1が連邦政府の関係者、残りが州と地元の行政関係者であり、一見して、生産的であるどころか平和的な会合になる見通しもあまりもてないようなものでした。というのも、歴史的な背景は別にしても、参加者全員が必然的に敵対関係にあったからです。しかし実際、その結果はかなり驚くべきものとなりました。

　会議の当日、参加者は会場に到着し、今回の会議は、いつもの議事進行とはまったく違うことに気づきました。まず、事前に定められたアジェンダというものが何もなかったのです。参加者が事前に知らされていたことは、会議の開始時間と終了時間、そして自分たちに課せられた任務が（まだどのような任務かは定義されていませんが）どうにか達成されるということだけだったのです。また、会場には、大きな2つの円を描くように椅子が並べられており、その円の中には何もなく、後ろには何もない壁があるだけでした。しかしながら、参加者の多くはこうした状況に懐疑的であり、部屋のレイアウトなどによって、その不信感がなくなることはありませんでした。

　しかし、会議が始まって1時間半が経つとすべてが変わりました。懐疑的だった人たちでさえ、個人的に関心がある問題に懸命に取り組んでいたのです。そのプロセスは、会議の目的に関連するもので、各自が本当に情熱をもっている課題があれば、それを新聞紙の4分の1の大きさの紙に記入し、それを壁に掲示するというものでした。また、この行為は、自分の掲げた議題について話し合うセッションに人を募集し、その結果をセッション・サマリー※にして報告する責

※オープン・スペースの各セッションの要点をまとめた文書のこと。

任を負うことを受け入れることでもありました。すべての議題が貼られると、参加者全員が一斉に壁のところに行き、参加したいセッションに申し込み、会議が始まったのです。これですべてです。そしてこれが「オープン・スペース・テクノロジー（OST）」なのです。

　2日間の会議で、この多様な参加者は52の異なる議題に沿ってセッション・グループを創り出し、完全にそれを自己管理したのです。議題そのものは30分もしないうちに創り出されました。そして様々なセッション・グループは36時間以内に約150ページにわたるレポート※を作成したのです。また、現代のコンピュータ技術と翌朝仕上げの印刷業者の力で、3日目の朝に全員が出発するときには、できたての最終レポートのコピーが用意されていました。クロージング・セッションでは、アメリカ先住民の1人が、今までこれほど自分の意見を皆に聴いてもらい、自分自身が討論の重要な一部分になったと感じたことはなかったと言っていました。そして、参加者全員が同じ気持ちでした。

　また、この会議を開くことは同じ年の3月に決定されたばかりであったことも特筆すべきことでしょう。つまり、会議の実施の発案から実行までが約6週間で行われたことになります。また、このオープン・スペースを通してファシリテーターはたった1人しかいませんでした。

　正直、このように大きな会議からこのように成果が出たことは、何か特別で極端な話に聞こえます。一般常識から考えると、これほどの規模や複雑性、そして紛糾の可能性をもつ会議は、通常何カ月もの準備や多数のプランナーやファシリテーターを必要とします。さらに、レポートを完成させるばかりでなく、解散の前に参加者にそれを配布するということは、ほとんど不可能です。ところが、これまでの社会通念を否定するかのように、会議は上述した通りに成果をあげたのです。しかし、このような現象はこの会議にとどまるも

※オープン・スペースのクロージングの際に配布する、各グループのセッション・サマリーをすべてまとめたもの。オープン・スペースのテーマ、議題のリスト、参加者のリストが含まれるとよよい。オープン・スペースの形態、主催者の進め方によっては、レポートを配布しないこともある。

のではありません。過去12年以上にわたって、何千というオープン・スペースの集まりが同じような結果を生み出してきたのです。その現象は常に起こるものではないかもしれませんが、決して偶然ではないのです。これらは再現性をもっており、それがオープン・スペース・テクノロジーと呼ばれるものなのです。

　では、このオープン・スペース・テクノロジーがどのように開発されたかというと、その過程において、注意深いプランニングや思慮深いデザインなどは一切関係がありませんでした。それは言わば、ほとんど冗談のようなフラストレーションから生まれたのです。

オープン・スペース・テクノロジーの起源

　1983年、私は250人が参加する国際コンファレンスを運営する機会がありました。私はそれに丸1年の労力を費やしました。そして、そのようなコンファレンスに必ずといってよいほどつきまとう細かい作業やフラストレーション、エゴ（私のと他の人々の）を経験し、すべてが終わったときには、このような運営は二度と引き受けまいと決心していました。そしてこの決心はそのコンファレンスの閉会の際に確信に変わりました。それは誰もが（自分も含めて）全体的にイベントはすばらしかったが、本当に有意義だった部分はコーヒーブレークだったということで意見が一致したからです。1年間、書類や参加者、講演者などを準備した努力もむなしく、結局全員が評価した唯一のものは、私が尽力したものとはまったく関係のないコーヒーブレークだったのです。しかしこれは、重要なメッセージでした。

　そして私は1つのシンプルな疑問にたどり着きました。「良いコーヒーブレークにおける協働や刺激と、良いミーティングの内容と成果を組み合わせることが可能だったのではないか？ そして何より

も、全部のことが1年以内でできたのではないだろうか？」

私が選んだこの探求の糸口は、私をある興味深い問いへと導きました。それは、もしミーティングや人々の集まりに存在する特定の基本的なメカニズムを識別することができれば、それらをミーティングのアプローチに組み込むことができるのではないか？というものでした。そうすれば、ミーティングは失敗が起こり得ないほど非常にシンプルで、良いコーヒーブレークの自然なパワーをもつものとなるでしょう。

これらのことを考えながら、私は1960年代後半に西アフリカのリベリア内部に位置するバラマという小さな村落において、フォトジャーナリストとして活動していたときに起こったある出来事を回想していました。私がそこを訪問した重要な目的の1つは少年たちの成人の儀式に参加することでした。容易に想像できるように、これは大きな祝い事でした。7年毎に行われ、若い男性たちが村の中で自立した村民として認められるときなのです。彼らはもはや子供ではなく、大人の役割と責任を担うことを期待されるのです。実際の祝儀は、あらゆる種類の儀式や活動が4日間続きました。しかし、私が知るかぎりでは、そのイベントの前や最中に実行委員会のよう

な働きをしているものは何もありませんでした。それでも、500人あまりの人々はその期間中、高度に組織化され、満足のできる、あえていえば、楽しい雰囲気の中で自分たちを管理していました。それはどうして可能だったのでしょうか？

　私は、バラマでのミステリーに対する答えのすべてをもっているとはいいませんが、少なくともその秘密の一部は、（すべての西アフリカの村落のように）その村が中央にスペースをもつサークル状の集落だということにあることがわかりました。アメリカやヨーロッパでは、村長や重要な長老たちの家がビレッジ・スクエア（village square：村の長方形をした広場）というものを取り囲んでいました。しかし、バラマでは輪（circle）だったのです。私はこの差は重要であると考えました。

　私の経験では、輪は人間のオープンなコミュニケーションの基本的な形です。輪には頭や足もなく、高低もなく、均等です。輪の中においては、人々は簡単にお互いの顔と顔を見られる状態にあります。また、友達の**輪**というものはありますが、友達の**スクエア**というものはありません。また、特に寒い夜など、人は**家族の輪**の一部になることを楽しみます。

> 輪は
> 人間のオープンな
> コミュニケーションの
> 基本的な形です

　ちなみに、スクール形式やシアター形式のように、人々を整列させてみてください。そこでは全員が力や権威の発生源と対面し、それぞれの話し手と聞き手の役割がはっきりしているでしょう。長方形や正方形は仕切りがあり、それは交渉の場のように、対立するグループを分けておくの

には役立つかもしれませんが、純粋でオープンかつ自由なコミュニケーションを生むのには役立ちません。しかし、輪はコミュニケーションを生むのです。

バラマでの祝儀は、町の周辺からその輪の中心に向かって起こり、そしてまた逆戻りするという秩序だった進行になっていました。踊り手、太鼓たたき、笛吹き、宗教家、そして政治家などすべての人々は町の周辺部に集合し、それから万華鏡のような色とリズム、そして歌を伴って中心部へと渦を巻いて入ってくるのでした。その輪は式典やスピーチ、そして何よりも踊りによって活性化され、その激しさは次第にピークに達し、最後に村人が帰ろうとして、流れが外向きになるまで、そのピークを繰り返すのでした。それは村があたかも息をしているようで、ちょうど人が呼吸するのに実行委員会が必要ないように、バラマの祝儀もそれを必要としていませんでした。この輪の形と呼吸のリズムの中に、私はミーティングの２つの基本的なメカニズムを見つけたように思えました。

もし、輪と呼吸が基本的な形と力学を提供しているとすれば、私たちがコンファレンスをコーヒーブレーク・モードにするために必要なことは、話す内容や予定を決めるための何らかの方法だけではないでしょうか。結局、効果的なミーティングとは、ある秩序の中で目の前の課題に対処することなのです。それ以外のものがノイズや混乱を生み出すのです。

他にも２つのメカニズムがバラマの生活スタイルから推測されました。それはコミュニティー掲示板（Community Bulletin Board）とビレッジ・マーケットプレイス（Village Marketplace：村の市場）です。その

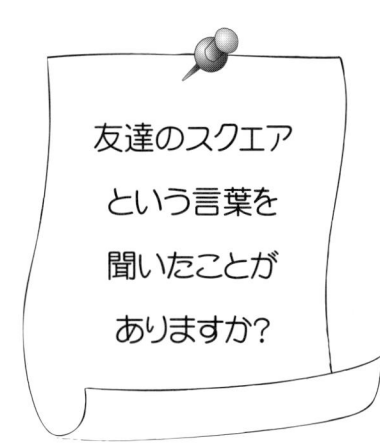

> 友達のスクエアという言葉を聞いたことがありますか？

掲示板は人々が関心をもっていることがよくわかる、便利でロー・テクな方法でした。そしてマーケットプレイスは、ある秩序的な方法で、人々の関心を体系的にまとめる役割を担っていました。両方のメカニズムは、人間の体験においてあまりに古く、深くしみ込んでいるので規則を説明することなどはまったく必要ありませんでした。そしてもちろん、マーケットプレイスを知らなかったとしても、ショッピング・センターでそれをイメージできるでしょう。

　さて、上述した理論が本当ならば、輪や呼吸、掲示板、そしてマーケットプレイスがあれば、いつ終わるとも知れない事前準備の会合や、大勢のファシリテーターなどいなくても、効果的で生産的なミーティングのための要素がそろっているはずです。また、施設専属のミーティング・マネジメント・チームなどが不要なのは言うまでもありません。しかしながら、ここで疑問は残ります。この理論を現実のものとすることができるでしょうか？

今日までの体験

　私たちは今日までその理論を実際に試みてきました。今なお実験は続いていますが、今日までの答えは完全な「イエス」です。バラマの村人は正しかったのです。実行委員会や大勢のファシリテーター、そしてコンファレンス・マネジメント・チームなどがなくても驚くべき結果を出すことは可能なのです。

　その事実は、今日までに行われたオープン・スペースの事例によって証明されます。たとえば、全国教育協会（National Education Association）は「アメリカのための教育（"Education for America"）」というテーマでアメリカ中から教師、学校運営委員会、そして行政担当者ら420人を集め1日のミーティングを行いました。その中で参加者は85のワークショップを創り出し、それを自己管

理しました。終了後、高度な成功を10、その反対を1とした10段階で自分たちの取り組みを評価したところ、その平均スコアは9.3でした。また、このコンファレンスのアジェンダ作成のために事前に費やした時間はゼロでした。

　反対に小規模な例では、このアプローチが5人のグループに使用されたときもたいへん効果的であることがわかりました。また12人から20人の、結成されたばかりのマネジメント・チームにそのアプローチが使用され、非常に短時間のうちにチーム・ビルディングを可能にし、たくさんのビジネスを処理できるすばらしい手段であることもわかりました。

　また3万5000人の組織であるアメリカ森林局（United States Forest Service）の17人のシニア・マネジメント・チーム（局長や部長からなるチーム）は、既存の枠組みから抜け出し、今まで議題に載せることができなかった課題に取り組むためにOSTを使用しました。森林局では多くの企業のシニア・マネジメント・チームがそうであるように、毎週行われる局部長会議のための議題が、すべて効率性という名の下に、フォートノックスの要塞（Fort Knox）[※]のように厳重に監視されていました。しかしながら、公式に議題に載った項目だけが議論されていたため、往々にして効率性を得ることで、効果性を失っていました。議題にならなかった問題は話題には上りませんでしたし、おそらく話せないほどひどい状態だったのだと思われます。

　決して森林局だけがこのジレンマにあったわけではありませんが、口に出せないひどい状態が話題にならないまま放置されたとき、重要な事柄が無視されてしまうようになるかもしれません。またさらに悪化すると、その課題が周知の事実であるのにもかかわらず、公式には決してもち上がってこないために、誰も何もできないようになるのです。オープン・スペースはそのすべてを変えることがで

※フォートノックス（Fort Knox）とは、米国ケンタッキー州中北部ルイスビル市の南南西にある軍用地のことで、1936年以来、米国連邦金塊貯蔵庫がある。守りが堅いという意味で使われることが多い。

きます。全員がアジェンダに関する項目を提出する権利と責任をもつため、口に出せないことまで話してもらうことができるのです。

　南アフリカにおいては、複数の会社が合併した際に新しく組成されたマネジメント・チームの12人のメンバーは、たったの2日間で新しい組織構造や報告ルート、そして製品管理の工程を決定するためにOSTを使用し、大成功しました。しかし、こうした根本的な組織の任務を完遂する以上に得られた重要な成果は、彼らが1つのチームとして団結したことでした。

　OSTの強みは、学歴、民族、経済状態、政治、文化、社会的地位、あるいはそれ以上のことにおいて幅広い多様性をもつ人々を1つにまとめる力にあります。国際的団結を促進するためのトゥギャザー基金（Together Foundation）が主催したあるコンファレンスでは、28カ国から17の異なる言語を話す178人の人々が5日間ミッション（任務）に取り組みました。参加者は一国の大統領から普通の市民にいたるまで広範に及びました。しかし、このグループはほんの1時間で82のワークショップを創り出し、コンファレンスの期間を通してワークショップを自己管理したのです。そこには同時通訳はおらず、ファシリテーターが1人いただけでした。そしてコンファレンスの事前準備は、会場準備の打ち合わせだけに限定されていました。

　OSTは、紛争や混乱が存在する地域でその効力をさらに発揮します。1992年の初夏、ある南アフリカの町において複数の政治的なグループ同士の有益な話し合いを促進するためにOSTが使用されました。主な課題はその地域のコミュニケーション（意思疎通）を改善することでした。丸一日、様々な政治グループの代表者と近隣の産業の代表者（多くは白人）が一体となって取り組みました。少しオーバーかもしれませんが、その取り組みは「すべての問題が解決された」あるいは「愛と光がさんさんと降り注いだ」という印

第1章 オープン・スペース・テクノロジーとは?

OSTは世界中で行われ、
なぜだか、どこでもうまくいくようです

象でした。その討論は、憎悪の感情などない、真剣で生産的なものでした。それは、会話が途切れ、流血事件が始まった隣町の状態とは非常に対照的なものでした。

　また、この集会は継続的な貢献も生み出しました。この集会の数日後、参加者の1人が電話で次のように言ってきました。その地域の学校組織の会長である彼は、2年間、自分たちの未来を築くための活動に人々を参加させようと試みてきました。しかし、どんな手法も役に立たず、参加者はいつも黙って座っているだけでした。そこで彼はOSTを試してみたところ、問題が正反対の結果になったのです。人々は積極的に参加するようになり、最終的には彼には1つのオプション(選択肢)しか残されていませんでした。それは自ら退くことでした。それほど、皆が積極的になったのです。

　ベネズエラの新しい携帯電話会社であるテルセル社(TELCEL／以降テルセル)は、信じられない混乱の中で驚異的な成長をしていました。アメリカのパートナーであるベル・サウス社(Bell South)はテルセルが営業開始後1年目の終わりまでには、携帯を

1万5000ユニット売るだろうと予想していました。しかし、実際1年も満たないうちに5万ユニットを販売し、テルセルは世界で最も急成長をしている携帯電話会社となったのです。それはすばらしいニュースでした。しかし、その反面、成長があまりに急速であったため、人々は息をつく暇もなく、会話をする時間や組織の問題を解決する時間がほとんどなかったのです。企業全体が疲労と混乱の波で押しつぶされる寸前でした。大きく軌道修正を行う必要性がありましたが、減速や停止は彼らの最大の目標である市場占有の妨げとなるため、スピードを落とすことはできなかったのです。

　ある土曜日、その企業の全社員は自分たちの会社の将来について話すオープン・スペース・イベントに招待されました。この出席には、手当てや報奨は何も用意されていませんでした。人々は自分の時間を費やすか、欠席するかのどちらかを選択できました。すると、当時263人いたテルセルの社員のうち、252人が姿を見せました。そして、イベント開始後1時間もしないうちに、32の議題が提示され、同様の数のセッション・グループが結成されました。1日中、討論は白熱しました。技術系の人はセールスの人と話し、セールスの人はマーケティングの人と話し、マーケティングの人は財務系の人と話し、財務系の人はコンピュータ技術者と話し、そしてコンピュータ技術者は上級マネジメントと話すといった具合です。そしてそれがぐるりともう一周するのでした。興味深かったのは、32のセッション・グループのうち、1つのグループしか、上級マネジメントがまとめ役になっていなかったことでした。他のすべてのリーダーはどこからともなく現れたのです。

　夜になって最終レポートが完成し、最も驚くべきことが起きました。誰かが人気のあるダンスミュージックをスピーカーに流し、それから3時間、パーティーが開かれたのです。バスが出発しなければならない時間となったとき、仕方なくそれは中止となりましたが、

これが破滅の崖っぷちに立っている会社で起こったのです！

　6カ月後、その企業のほとんど全員が、オープン・スペース・イベントの日をターニング・ポイントとみなしていました。もちろん、すべての問題がその日に解決されたわけではありませんでした。しかし、彼らの決断に必要となる重要な要素は整ったのです。それはコミュニケーションでした。人々は一緒に話し、取り組むことができるということを発見したのです。

　今ではオープン・スペース・テクノロジーは、インド、南アメリカ、アフリカ、ヨーロッパ、中国、米国、そしてカナダにおいて5人から1,000人の人々によって順調に活用されています。その目的は、厳しい競争にさらされた企業の再構築から、南アフリカのように巨大な変革の流れに直面した国家的な再構築の範囲に及んでいます。そのテクノロジーは魔法でもなければ、すべての問題を解決するわけでもありません。しかしながら、様々な人々が、たいへん複雑で対立関係にある状態で課題に対処し、解決しなければならない状況において、OSTは大きく貢献できるのです。

　この章以降は、私はオープン・スペースのアプローチを紹介していくつもりです。皆さんには、この本全部をさっと読むことを強くお勧めします。内容が詳細過ぎる場合は、その個所を読み飛ばしてください。それから、**実践してください**。はじめの取り組みが、たとえ犬や猫を連れた近所の小さな子供たちでもかまいません。小さな経験を自分のものにすることによって、理解できなかった細かい点を理解することができるようになるでしょう。

本の概要

　この先に何が書いてあるかを皆さんに少し知っていただくために、ここに本書の簡単な概要を述べます。まず第2章「準備」はオー

プン・スペースを実行するために必要なすべての実践的な問題をまとめてあります。必要なもの、会場準備、そして「あなたは本当にそれをやるべきなのか」という最も重要な質問が含まれています。それは、オープン・スペースがすべての状況に適するというわけではないからです。

　第3章は「エレクトロニック・コネクション」です。当初から、オープン・スペースとサイバー・スペースは、即時に作成されるレポートやマルチサイト、そしてそれ以上のことを可能にするという点において、密接な関係をもってきました。しかし、もし、パソコンが苦手だとしたら、この章を読み飛ばすか後回しにしてもよいでしょう。オープン・スペースはコンピュータがなくてもたいへんうまく機能します。

　第4章は、非常に重要で繊細でもある課題、ファシリテーター自身の準備についてです。ここであなたは、一般的なファシリテーションのトレーニングや、あるいはこれまでの経験の中で見落としてきたかもしれないレベルや方法でオープン・スペースが進行することを発見するでしょう。ファシリテーターの準備の主な課題は、その方法を学ぶことよりも、むしろ存在としての質の向上を達成することにあるのです。

　第5章では、オープン・スペース・イベントに先立って直ちに行う必要のあるような事柄を説明すると共に、ファシリテーター自身の準備に関する議論を続けます。そして、ここからがレースの開始です。言わばスペースへの突入です。

　第6章「開始：時間とスペースを創り出す」では、集会の最初の1時間半、何を話し、何をするのかを事前に体験してもらいます。この章では様々な状況下で私が何を言うかを書いた対話例のようなものを紹介していますが、ここでは台詞を勉強することが目的ではありません。私が提供する対話例の中で何が重要かを判断し、それ

をあなた個人のスタイルに合うように何度でも改善し、自分のものにしてください。第7章と第8章は、OSTにとって重要な冒頭の1時間について、多くの知識を提供します。

　第9章の「スペースと時間を保持する」では、一度イベントが開始された後、その過程であなたがとる行動について述べます。ここであなたは、**存在**（being）に比べて**行動**（doing）はそれほど重要ではないことを理解するでしょう。

　第10章は、3日間のオープン・スペースにおける、最終日の特別な準備について、簡単に紹介します。もしオープン・スペースで、すべての議題の優先順位付けや収束、そしてアクション・プランの作成を盛り込んだ詳細な結論を出したいのであれば、3日目はたいへん重要なものになります。

　本著も終わりに近づき、次は閉会準備についてです。第11章「終了と新たな始まり」は、オープン・スペースで計画し、体験された良いことがその後、次の月曜日の朝から活かされるように、イベントを終了するいくつかの方法を説明します。第12章「二次的な利点とフォローアップ」では、オープン・スペースで得られるいくつかの予期しない利点を見ていきます。

　最後の章では、たいへん重要な質問である、「次の段階へ向けて何をすればよいか？」という質問を提起します。

　この最後の章を読むと、オープン・スペースを行う正しい方法とは、あなたにとって機能する方法であることがおわかりになるでしょう。それはあなたのスタイル、状況、そして物事を行うやり方に適していなければなりません。良い頭と良い心をもった人ならば誰でも満足できる成果を達成できることを経験が物語っています。

　OSTは、その手順も意図もシンプルです。それは第三世界の小さな村でも、設備の整った重役会議室でも同様に機能します。そして、最もシンプルなものがそうであるように、ほとんど誰でも行う

ことが可能です。しかし、それをうまく行うためには一生涯をかけなければならないことも事実です。

# 第 2 章
準備

さて、あなたがオープン・スペースを試すことに決めたら何をしたらよいのでしょうか。実際に、オープン・スペースをスタートさせるのはシンプルで簡単です。それでもやはり、ある程度、注意深く準備することは必要です。その準備とは、今まであなたがしてきたようなアジェンダや参加者の選定に何カ月もかけるようなものではありません。しかし、準備は必要なのです。

適切さ

　最初に検討するべき項目は、オープン・スペース・テクノロジーを使用するか否かという、基本的なことです。間違った状況で使用すると、OSTは、問題を解決するよりも、逆により多くの問題を生み出すことがあります。

　OSTは、多様な人々が、複雑で衝突する可能性をはらんだ課題に対して、革新的で生産的な方法で取り組まなければならない場合に効果的です。特に、誰も答えがわからないような問いに取り組むにあたって、多くの人々の参加が必要な場合に絶大な効果を発揮します。しかしながら、逆に、答えがすでにわかっているときや、高い地位の誰かが答えを知っていると**思い込んでいる**とき、または誰かが答えを知っていることが**確か**であり、その人が常に皆をまとめる場合（いわゆるコントロールの状態のとき）は、OSTは機能しません。よって、そのような状況では使用されるべきではありません。

　そのわかりやすい例として、OSTは請求書作成の新システムを導入するために選択されるべき手段ではないでしょう。おそらくそのシステムはすでにデザインされ、テストもされており、すぐに活用できる状態になっているはずです。ですから、導入の段階では、変更の余地はほとんどないでしょうし、議論や検討の必要もないで

しょう。この場合は、ただ単にマニュアルを発行し、どんどん進めるだけです。

それとは反対に、もし問題がその会社の未来に関することであったり、人々（トップの役員を含むすべての人々）が答えを知らないことを十分に認識しており、さらに、そういった状態でも集まることによって様々なソリューションを生み出すチャンスがあると信じている場合、OSTはすばらしく機能します。

オープン・スペース・テクノロジーは常に機能する

奇妙なことに、OSTはどんな状況においても機能します。しかしながら、時折、その結果に参加者が満足できないことがあります。神秘的な力が働くのか、オープン・スペースの環境では、人々は創造的かつ、協働的（彼らは一体となって取り組みます）になり、自ら強いモチベーションをもつ傾向があります。そのため、もし、このタイプの行動が望まれない場合、OSTは問題を引き起こすのです。

その例を以下に紹介しましょう。フォーチュン誌25社に選ばれたある会社がOSTを世界規模の新しい社員オリエンテーション・プログラムの候補にあげました。彼らは、新入社員が活気に満ち、何か役割を担ったと実感することで、ポジティブで役に立つ最初の経験を得られると考えたのです。そこで、より良い会社を作り上げるための課題と機会に関して、熟練社員と新入社員が一体になって取り組むプログラムをデザインしました。皆さんの中には、そのような状況で、新入社員が何か貢献できるのかを疑問に思う人もいるかもしれませんが、実際、彼らはたくさんの貢献をしました。また、仮に、特筆するような貢献が何もなかったとしても、少なくとも熟練社員がはるか大昔に回答したことのある多くの質問を、新入社員

が熟練社員にあらためて問いかけることで、皆が古い質問に立ち返り、新しい質問を発見し、会社の将来を見つめる効果的なチームを生み出すと主催者側は考えたのです。

　ある日、そのアイデアのトライアルが実施されました。集まった65人の参加者のうち、3分の2はその会社に在籍して1年以内の人々でした。私の観点からすると、その日は、すべてがあるべき通りに進みました。人々は話し、取り組み、エネルギーに満ち、協働し、そして楽しんでいたように見えました。すべてが終了したとき、私は、参考のために、その日の簡単な評価をしてもらうために、参加者1人ひとりにその日を表す一言を考えてもらいました。そのプログラムは新入社員のためにデザインされていたので、私はまず彼らの言葉を聞くことが適切だと思い、そうしました。そして、「**エキサイティング、活気的、刺激的、開放的、団結**」などを含む評価を耳にし、満足しました。私は喜びと誇りを感じ始めました。次に、今度は熟練社員のところへ行き、意見を聞きました。そこで私は、ひどくショックを受けたのです。彼らの言葉は、「**ひどい、動揺した、コントロールできない、混乱、私の過ごした最悪の日**」といったものだったのです。

　両方のグループが示した強い感情はどちらも疑いようもない真実でしたが、その明らかな相違に、私は混乱して頭を振るばかりでした。すると、かなり年配のシニア・メンバーの1人が、仲間に賛同しながらこう述べたのです。「今日はひどい1日だった。もし、最悪と呼ばないとしても、確実にどうでもよい日だった。しかし、公平に言うと、オープン・スペース・テクノロジーは公示したことをすべて正確に行い、機能していた」。つまり、彼にとっての問題は、オープン・スペースそのものではなく、コントロールができない状態だったのです。また、他の年配のメンバーもそういう状態が好きではなかったのです。この会社ではその後、オリエンテーション・

プログラムに OST を使用することはありませんでしたが、それは OST が機能しなかったからではなかったのです。

フォーカスと意図

　オープン・スペース・テクノロジーはとても効果的ですが、決して、OST のプロセスを実践することだけを目的としてそれを行ってはいけません。実践につながるアウトプット（結果）を生むためにだけ使用してください。OST は仕事、つまりリアルなビジネスの課題に取り組むためにデザインされているのです。それは、どんな「ビジネス」や「課題」であろうと同じです。そのため、一番初めにする準備は、あなたが何を達成したいかを具体的な言葉で表すということです。これは、質問の形で書いてあると一番よいでしょう。

　たとえば、あなたの目的が組織の未来を計画すること、つまり戦略プランニングである場合、最初の質問は次のようになるでしょう。**「オキシモラン株式会社（Oxymoron Corporation）のための未来の課題と機会は何か？」**この質問は、曖昧に聞こえるかもしれませんが、この質問によって、参加の可能性がある人は、少なくとも、まさにオキシモラン株式会社がたたき台の上にのっていることを理解し、さらにそれが単に報酬制度や新製品などについてではなく、会社の未来全体が検討の対象になっていることを理解することでしょう。私たちがこれから見ていくように、OST は 2 つの原理の上に成り立っています。それは、情熱と責任です。

> OST が機能するためには、関わる人が情熱をもてるリアルな事柄にフォーカスしなくてはいけません

情熱なしでは人は興味をもちません。また責任抜きでは何も遂行されません。明らかに、人はそれぞれ異なるものに異なる情熱をもっています（人それぞれに好みが違います）。そして、興味のないことに責任をもつことはあまりないのです。だからこそ、自分が何に興味をもっているかを宣言しておくことは非常に重要なのです。第1章の例で、デンバーに集まった225人は公有地と部族所有地の道路に対して、とても関心がありました。そして15億ドルの予算が採られているという事実が、その関心をさらに引き上げ、彼らを会議へと引きつけ、最後まで熱中させ続けるに十分な要素となったのです。もし会議の議題が、ハードウェア・ビジネスの将来を考えるための2日間であったとしたら、この参加者が集まることはなかったでしょう。

これらすべてはわかりきったことのようですが、あらためて何の理由で集まったのか、誰が招集したのか見当もつかない堅苦しい会議に、私たちがどれほど頻繁に出席しているかを考えると、その数の多さに驚かされます。またこれらの会議では何も達成されることなく、フラストレーションだけが残るのです。上司の言葉が絶対だという独裁的な組織では、曖昧な目的は許されるかもしれませんが、情熱と責任が欠くことのできないオープン・スペースの世界においては、上司の言葉はあまり遠くまで届きません。オープン・スペースの世界では、さらに重要な言葉があるのです。それは、「**ボランティア**」です。ボランティアは、情熱と責任を最大に表現するために欠くことができないことです。また、理解もできず、関心もないことにボランティアをするのは、愚か者だけなのです。

さて、理解と関心についてもう少し述べると、うまく機能している組織では、ほとんどの人々がチーム・ビルディングやエンパワーメントのような抽象的なものには関心をもっておらず、まして「オープン・スペース体験」などには言うまでもなく興味がありません。

彼らは利益を生み出すことや、サービスを提供すること、製品を製造すること、顧客を勝ち取ること、マーケット・シェアを伸ばすこと、あるいは政治に関心があり、それ以外のすべては、研修部門か人事部にいる変わった人たちが使う専門用語または決まり文句として軽視する傾向にあります。私自身はチーム・ビルディングやエンパワーメントはたいへん重要であると考えています。また、私の親友の多くも人事の分野で働いています。しかし、ほとんどの人々は、こうしたことにあまり関心をもたないのです。それは彼らが「悪人」だからではなく、ただ異なるからなのです。

　OSTはビジネスがどのように定義されようと、リアルなビジネス課題に取り組むためにデザインされています。もし、あなたの仕事がたまたま研修や人事関係だとしたら、あなたは他の人々が「とりとめのないこと」と見ているかもしれない事柄に本当に情熱的に関心を寄せていることでしょう。その場合は、そうしたことを課題としてもよいでしょう。しかし、あなたの関心を押しつけたり、あなたと同じように他の人たちが関心をもつことを絶対に期待しないでください。**OSTが機能するためには、参加する人々が情熱的な関心をもつリアルなビジネス課題にフォーカスしていなければならないのです。**

参加者

　誰が参加するべきか、そしてどうやって彼らを招集するのか？その答えは、関心がある人は誰でもです。関心があるということは、出席を確実にするのに十分な要素となります。そのため招待のプロセスは非常にシンプルです。ビジネス課題が選択されたら、それを掲げてください。

　皆さんにとって、これらすべてが、非科学的あるいは秩序立って

いないように聞こえることは承知しています。しかしながら、もし私たちが関心のあることだけを行ったとしたら、あまりたくさんのことは達成できないのでしょうか？関心をもっていない人々がした仕事は、まったく価値がないというのは真実ではないでしょうか？同様に、非常に関心をもっている人々は信じられないことを達成するというのも真実ではありませんか？幸いにも、世の中にはたくさんの異なることに関心をもったたくさんの異なる人々が存在します。つまり、なされなければならない物事の大半は、それに関心をもつ人によって解決される可能性が高いことを意味しているのです。

多くの組織における社会通念では「上司が命令を下すまでは、ほとんど何も起こらない」とされています。さらに、命令がなされたとき、最終的にその命令は仕事を生み出すため、一般的に人々はそれを好ましく思いません。私たちのほとんどは、仕事は不愉快なものであると思っているのです。

そのため、社会通念は、直ちに「仕事をやり遂げる唯一の方法は、その仕事をすることをどうでもいいと思うことである」という、ネガティブな自己達成的予言を生み出します。それは、あまり理にかなっているとはいえません。本来、何かを十分に達成する最善の方法は、それをやりたいと思う誰かに任せることです。あるタスクに多くの人たちが任命されている状況でさえ、実際は、結局その仕事をしたいと考える、貴重な数人によって行われています。だとすれば、最初からフラストレーションや後ろめたさ、怒りを全部避けてはどうでしょうか？それをしたいと思う人々だけに、仕事を任せればよいのです。

この革命的な提案は、社会通念に支配されている標準的な組織においては、一見機能しないように見えます。しかしながら、その提案はOSTの真髄を表しており、社会通念が間違っているともいえます。機能するOSTにおいては、人々が自分たちの仕事に関心が

あるからこそ（そしてそれだけの理由で）仕事をするのでなければならないのです。これは少し言い方を変えると、オープン・スペース・イベントの参加においては、自主的に選択することが不可欠だということなのです。

しかし、そう言い切ってしまっては、タスクを実行するのに必要な人々が、何らかの理由で姿を見せなかったらどうすればよいのかという心配を生み出すことになるかもしれません。しかし、その答えはたいへんシンプルです。もし、その人たちがそのタスクのために本当に必要な人物ならば、その人たちがタスクに取りかかる準備ができるまで、そのタスクは達成されることがないのです。あるいは、その人たちは、最初に思っていたほど欠くことのできない人物ではないのかもしれません。私の経験では、ほとんどのケースが後者です。そして、原理は次のように述べています。「オープン・スペースの適任者は、そこにやって来たいと思う人です」。自主的な選択がルールなのです。

しかしながら、これらのどれも、すべての適任者にオープン・スペースの開催を知らせ、参加することが彼らにとって一番の選択であるかどうかを考える機会をもってもらう、最大限の努力をする必要がないといっているわけではありません。場合によっては、個人的に招待することがとても効果的です。また、欠席することの意味を招待者が深く理解することも重要です。たとえば、課題が（戦略プランニングとしての）組織の将来についてであるとき、人々は自分たちが組織の将来の一部でなくなることを恐れ、多くの場合、出席することが得策だと考えるという傾向があることを私は知っていま

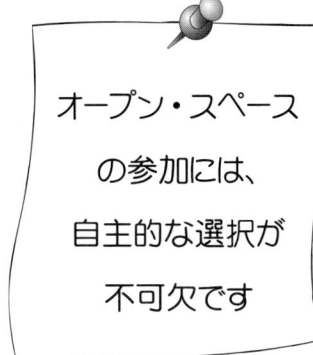

> オープン・スペースの参加には、自主的な選択が不可欠です

す。

　しかし、最終的には、問題は質であり、量ではありません。心や興味がどこか別のところにある何千人の出席者よりも、本当に関心をもっている少人数の選ばれた出席者のほうが、はるかによいのです。

人数

　OSTはフェース・トゥ・フェース（オンラインではない直接対話）の環境で5人から1000人※のグループに効果的に機能してきました。また、インターネットを利用すれば、時間とスペースの制限が拡張され、参加者の人数は、理論的には無制限になるでしょう。もちろん、実現性を考慮すれば、その人数はかなり少なくなりますが、人が多過ぎるということに関して心配することは、大人数を受け入れることができるオープン・スペースでは必要ありません。考慮すべき点は、その取り組みを達成するために何人の人が必要なのかということなのです。

　また、5人以下では機能しないとか、1000人が限界であるなどと考える必要もありません。しかしながら、1000人とは非常にたくさんの人の集まりです。そのエネルギーと興奮の渦は莫大ですが、親密さは、ほとんどありません。また一方で、5人以下では機能しないということを提示するものは何もありませんが、ここで覚えておかなければならないことは、OSTにおいては参加者自身が利用可能な全リソースであるということです。OSTでは、ほとんどの場合、リソースは十分ですが、5人のグループの場合は、1人が全資源の20％を代表することになります。そのため、もし1人でも少し落ち込んでいたり機嫌が悪かったりすると、グループに対するそのインパクトは巨大なものになります。しかし、その人物が100人のグループの中で少し落ち込んでいたとしても、その機能低下は1パーセン

※オープン・スペースは2006年現在までで、著者の知るかぎりでは5人～2000人規模で実施されているが、その可能性は無限といえる。また、オープン・スペースは、世界各国で、様々な人々によって行われているため、これまでに実施された規模の正確な情報を知ることはできない。

ントですから、おそらくわずかな影響でしょう。

招待

　通常、ある時点で招待状を発送します。小さなグループの場合は口頭でもかまいませんが、たいていは何か書面にした方が適切です。普通ならば、招待状を作成する時点で（それは我慢しなくてはいけないのですが）、そのイベントの間に起こるすべてのことや、それがどうやって、なぜ機能するのかを説明したいという誘惑にかられるはずです。私たちは完璧な論理的説明をつけて、事前にすべてのアジェンダを送付することが習慣になっています。しかし、オープン・スペースではそれは必要ないのです。参加者は到着後にアジェンダを準備します。そのため、アジェンダを提供することは、必要がないだけではなく、不可能なのです。それでは、招待状には何を書けばよいのでしょう？その答えは、意外かもしれませんが、できるだけ何も書かないのです。

　招待状の目的は、オープン・スペース・イベントの課題の適切性と魅力を認知させるレベルまで、参加者となるかもしれない人たちの想像力を刺激することにあります。今日のように情報過多の時代においては、情報が多い方がより良いと思われがちです。また、出し惜しみしたようなアプローチは変わって見えるかもしれません。しかし、覚えておいてください。あなたがもち得るすべての情報を渡してしまったら、そこに想像の余地はなくなってしまいます。私は、曖昧な表現や、偽りを勧めているのではありません。必要最小限のことだけを述べ、参加者のクリエイティブな思考を働かせなければならないのです。

　本当にすばらしい物語の最初の段落が、このことを説明する良い例かもしれません。もし最初から物語の全部を話してしまったら、誰もそれを読み続けようとはしないでしょう。一方で、まったく、

あるいはほとんど何も話さなかったら、訳がわからないし、読者ものってこないでしょう。このテクニックのポイントは想像力をかき立てるための十分なオープン・スペースを残しながら、興味を惹きつけるのに十分なことだけを話すことにあります。その感じは「プロボカティブ（provocative：喚起的、誘発的）、思い出を呼び起こす（evocative）、想像的（imaginative）、あるいは永久的（open-ended）」などの言葉が合っています。また質問は、想像力を広げるスペースを生み出すため、質問文の量が説明文を大きく上回っているべきです。

　もちろん、招待状には場所や時間、そして準備物などを含む実務的な情報を載せるべきです。しかし、それ以外のことはすべて、短く、簡潔に、そして要点を突いたものにしてください。簡潔さは真の美徳であり、その考えは招待状から始まってオープン・スペースのすべてに関して役立ちます。私はOSTを開発するプロセスで、少し変わっているように見える規律を実践しました。それを私は「より少ないことは、多くをなす（less is more）」と呼んでいます。オープン・スペース・イベントを行う機会があるたびに、私は「しないこと」をもう1つ見つけ出すことにしています。そうして何年にもわたって、私は無駄のない真髄だけを残してきました。

　ところで、あなたはOSTのプロセスをどのように説明しますか？ここでも、できる限り説明を最小限にとどめてください。たとえ、あなたがこの本を丸ごと参加者に送ったとしても（神様、絶対にそんなことがないように！）、多くの人は理解することができないでしょうし、ほとんどの人が信じようとしないでしょう。しかし、それは致命的なことではありません。なぜなら、ほとんどの人はミーティングのプロセスなどには関心がなく、その議題と結果を気にかけているからです。ですから、オープン・スペースを説明する場面があったとしても、説明はしないでください。シンプルに、次のよ

うに伝えてください。「これはこのグループにとって新しいことかもしれませんが、世界中の至る所で使用され、必ず成果を収めています」。そして OST が終わる頃には次のような結果が得られます。

・参加者が関心をもっており、責任をもって話し合いたいと思う課題がすべて取り上げられます。
・すべての議題は、要求される範囲まで十分なディスカッションがなされます。
・議題とセッションで話された内容がすべて含まれたレポートが、すべての参加者に手渡されます。
・優先順位が設定され、アクション・プランが作成されます。

（最後の2つに関しては一般的に2、3日間のオープン・スペースでパソコンの支援があれば可能となります。）

　好奇心旺盛な人たちには、この本か、あるいは 197 ページの「ハリソン・オーエン氏によるオープン・スペースに関する著書」に載っている推薦書を勧めてもかまいません。その際には、私の著書である "Tales from Open Space"※ は特に役に立つかもしれません。

時間とスペース

　オープン・スペース・テクノロジーは時間とスペースの中で起こり、その条件は最小ですが、たいへん重要です。またより重要なのは、オープン・スペースのための完全で、理想的な、またはすべてに通じて最適な時間とスペースなどは存在しないということです。OST では、（いくつかの重要な例外がありますが）ほとんど何でも機能します。ですから、ここで重要なのは、人々やタスクにとって、その時間とスペースが適切かどうかなのです。

※ "Tales from Open Space"（Missoula MT, Abbott Publishing, 1995）

実施期間

　オープン・スペース・テクノロジーのためにはどのくらいの時間が必要でしょうか？おおまかには、それはあなたの意図次第です。しかしながら、最低でも丸一日に満たない場合はたいてい不満がたまります。学校の中でOSTを使用し、52分間のクラス時間に収めてしまったケースもありますが、私が取り組んできたケースでは（最近では企業や政府、その他の組織が多くなる傾向にありますが）、物事の真髄に本当に達するには丸一日が必要です。それ以下になると、人々はまさに楽しんでいる最中にセッションを中断することになってしまうのです。丸一日時間を取れば、たいへん熱のこもった、意味深い生産的なディスカッションが可能となるでしょう。

　また、第１章で述べた15億ドルのケースのように、レポートを作成するつもりであれば、２日目は不可欠となります。レポートは、次の章で説明されるようにパソコンで簡単に作成することができます。しかしながら１日しかない場合は、私はこの理由をまだ完全に理解できていませんが、参加者はディスカッションにたいへん熱中するため、その結果を記録する時間をほとんど確保できないようです。２日目があると知らされていると、参加者はパソコンでレポートを作成する時間を割くために、時間を調整する傾向が出てきます。もし、あなたがそれは道理に合わないというのであれば、私はあなたに同意せざるを得ませんが、それが私の経験から実感することなのです。

　３日目を与えられると、参加者のやり取りは全体的に異なる質を帯びてきます。もし、１日目が熱を帯びたディスカッションだとすれば、２日目は結果を記録するためにあり、３日目はすべての議題に優先順位を付け、関連し合った議題を１つにまとめ（議題の収束）、アクション・プランを作成するにまで至ります。ここで、最初の２日間は、ディスカッションとレポート作成という２つの活動を別々

に行うわけではなく、むしろ、いずれ始まる新たな活動を可能にするリズム、あるいはその感覚を参加者が身につけていくことに注目してください。そして最後の日、または、たいてい最終日の半日は、優先順位付け、議題の収束、アクション・プラン作成にフォーカスするのです。

そのため、1日のみ、あるいは2日間、または3日間のオープン・スペースにするかは、要求される結果によって左右されるのです。1日の場合は、会話が刺激され熱を帯びるでしょう。2日間の場合は、おそらくその会話は後々のために記録されるでしょう。そして3日間の場合は、優先順位が確立され、次のステップを見い出すことができるでしょう。

いくらかの混乱をきたすのを承知の上で、私はすべてのOST（1日のみ、2日間、3日間）のコースを説明します。そして、第8章では3日間のオープン・スペースにおける特別な考慮について説明します。

3日目の後…

私の母はよくこう言っていました。「3日も経てば、お客も魚も求められなくなる」[※]と。それはオープン・スペース・テクノロジーにおいても同じことがいえると思います。その理由は高まる疲労感や、3日目の後には低いポイントに達する、グループ活動の自然な潮の干満と関係します。というのも、3日間の終わりには、エネルギーは減少する以外に選択の余地がなくなるのです。私は参加者がどのくらい長い間「ニュートラルな状態」を保つことができるか知りませんが、休息は絶対に不可欠だといえます。もしかすると1日ほど休息を取れば、そのサイクルは繰り返せるかもしれません。しかし、3日目の後はたいてい誰もがもう十分だと思うのです。

※3日経つと、どんなに良いお客様や魚でも不満に思う点が出てくるという意味。何事も3日が限度との言い回しである。

組み合わせの中のOST

　ときどき、OSTを他のミーティング・アプローチと組み合わせて使用する必要が出てきます。ある特定の原則さえ忘れなければ、これは何も悪いことではありません。その根本的な原則は、以下の通りです。「**絶対にオープン・スペースを何か別のもので邪魔しないこと。オープン・スペースをやるときは、それをします。そして、それが終わったときは、終わったのです**」。

　これは、もし参加者全員に講演者の話を聴いてもらいたいときや、他のプログラムの活動に参加してもらいたいときは、オープン・スペースの**前**にそれをするべきだということです。この理由はかなりシンプルで、オープン・スペースが機能するにはなくてはならない前提条件である自主的な選択と関係があるためです。しかしながら、他のプログラムがオープン・スペースの始まる前に行われることはまったく問題ありません。

　理論的には、そのような強制的なグループ・イベントをオープン・スペースの後に続けることもできるかもしれません。しかし経験上、それはすばらしい結果を導きません。オープン・スペースでは、協働と創造性のレベルが非常に高まるため、たとえ面白い講演者を招待したとしても、OSTの後に講演者の話をじっと座って聴くということは難しくなってしまうからです。

スペース

　オープン・スペース・テクノロジーには、窮屈にならず、参加者全員が1つの輪、もしくは多くても2つか3つまでの同心円状の輪になって座るのに十分な大きさの部屋（メイン会場）が必要です。また、その他にブレークアウト・エリア（輪から抜け出てセッションを行うスペース）も必要です。これについては、後ほど触れます。メイン会場の大きさを決めるとき、たいていは部屋の定員数を2で

割るとうまくいきます。もしある部屋の定員がシアター形式で椅子を並べて200人だとしたら、その部屋はオープン・スペースでは100人を快適に受け入れることができるでしょう。

　また、この部屋には、何もない壁面が1つ必要です。そこには、邪魔なドアや、カーテン、窓、または絵画などがあってはなりません。この壁はコミュニティー掲示板となり、そこで人々は自分たちが関心をもつことを書いた張り紙をテープで貼り付けるのです。もしマスキングテープがその壁に貼り付かなければ、すべてが水の泡となってしまうので、そのことも確認してください。また、もしホテルのマネジャーが、紙を壁にテープで貼り付けることを嫌がるのであれば、新しいマネジャー、または別のホテルを探してください。開催予定場所が決まったら、はじめに、「テープ・テスト」をすることを強くお勧めします。その壁に使用するテープが、一瞬ではなく、しばらくの間貼り付いているかどうか確認してください。

　また、絶対必要ということはありませんが、コーヒーブレークのセットや（使用する予定の場合）パソコンを置くのに十分な広い場

所を用意するとよいでしょう。これらを大きなミーティング・ルームに置くことは、人々が常に出入りし、それがグループの勢いとエネルギーの感覚をつくり出すのに非常に役立つのです。セキュリティーの面では、パソコンをメイン会場以外の別の部屋に置くほうがよいかもしれませんが、大勢の人がいる中でフルサイズのデスクトップ・パソコンを盗むことは簡単なことではありませんし、今まで盗まれた経験はありません。その点において、ノート型のパソコンは盗まれやすいかもしれません、これは私がノート型を使わない理由の1つです。

　パソコンをメイン会場に置くもう1つのポイントは、レポート作成プロセスをプロセス全体の一部に組み込むことにあります。それは秘書と呼ばれる見知らぬ人たちによって行われるものではないのです。またパソコンがメイン会場にあれば、セッション中や廊下で始まったディスカッションは、どこでも続き、ファイルに保存されるまで内容に磨きがかかるのです。

　ブレークアウト・スペースは、プロセスが始まってから必要となります。ここで、ブレークアウト・スペースは**スペース**であり、部屋である必要がないことをお伝えしておきます。しかし、人によっては仕事やディスカッションを行うのにちょうど良いと感じるスペースには、四方の壁や、テーブル、椅子、そして黒板（オプションとして窓）が必要かもしれません。そのような人々にとっては、ブレークアウト・スペースが**部屋**である必要があるでしょう。

　また、人によってはそうした環境を閉所恐怖症のように感じ、外に出ることを非常に喜ぶこともあるでしょう。その場合は、解放的なスペースが必要となります。しかし、もし戸外でのスペースを確保することが不可能であれば、窓からの景色で妥協してもらってもよいでしょう。つまり、ここでのポイントは様々なミーティング・スペースが必要だということです。

今までラーニング・スタイルとペース（スピード）を理解するために多大な時間と努力が捧げられてきました。私たち1人ひとりが最適なパフォーマンスを達成するために、各自特有の条件をもち合わせていることは間違いありません。しかし、**ラーニング・スペース**と呼ばれるものには、ほとんど注意が払われてきませんでした。私たち1人ひとりが、居心地がよいと感じ、ベスト・パフォーマンスを発揮し、学習できる物理的な条件をもっています。また、これらの条件は時間や主題、そして気分によっても変化します。私たちは皆、自分たちの学習の助けとなる、ある特定の環境がありますが、その環境は、人によって異なりますし、同じ人でさえ、時間が変わると、変化するのです。

　そのため、オープン・スペース・イベントにおける効果的な環境として、きちんとしたブレークアウト・ルームを必要と感じる人たちのために、十分な数の部屋が用意されるだけでなく、その他の一連の開放的なスペースが準備されることも必要です。大きなスペースや小さなスペース、水辺や木立の中、バーの隣、静かな場所や騒がしい場所、屋外や屋内などなど…。私は、学習の深さと速度は利用できるスペースのバラエティーに直接比例していると確信しています。

　また経験上、きちんとしたブレークアウト・ルームに関しては、参加者100人に対して5つほどの部屋を用意するとうまく機能します。これはその施設にロビーや庭、廊下など公共エリアがあると仮定した場合です。もちろんもっとあればそれに越したことはありません。またこの数は、参加者の何人かは大きなメイン会場に集まる方が快適で便利だと思うことを前提にしています。

その他の考慮～たとえば、いつ食事をするのか？～

　人間は議論だけでは生きられません。遅かれ早かれ、スナック菓子や食事は「あればよい」というものから、生きるために「必要」になります。また食事の場は、さらに続く対話の重要な機会にもなります。不幸にも、ほとんどのコンファレンスのコーヒーブレークや食事は、マネジャーの都合で用意されており、参加者のフィーリングやニーズはあまり考慮されていません。しかし、オープン・スペースでは、他のすべてと同様に食べることに関しても、自主的な選択が応用されます。そのためできるかぎり、他の活動と調和を取りながら、人々が必要なとき、希望するときにリフレッシュすることができるようにしてください。もし、ディスカッションが白熱していたら、食事の合図で邪魔をすることは絶対に許されません。また、議論が一段落ついたとき、リフレッシュできる休憩ができるとよいでしょう。

　しかしながら、極端に無理をすると、会場のキッチンはこの考え方のために混乱する恐れがあります。しかし、これを回避する方法はたくさんあります。たとえば、すべての食事を数時間にわたるビュッフェ形式で提供し、好きな時に利用できるようにします。またコーヒーブレークは、誰もくつろげない15分間の大急ぎの休憩はやめて、もっとゆったりしたアプローチに変えます。飲み物やスナックが1時間程置きっぱなしになっていても世界の終わりが来るわけではないのです。もちろん、時間が経てば、物は冷たくなったり、生暖かくなったりしますが、その問題は室温でもしばらくの間は問題ない新鮮なフルーツのような食べ物を出すことによって解決できるでしょう。

　もう1つの戦略は、常時営業しているレストランが近くにたくさんある場所でミーティングを行うことです。そうすれば、参加者全員の運命が特定の厨房担当者の手にかかることはなくなります。ま

た、何も準備しなくてもおいしい食べ物や飲み物がいつでも手に入るようになります。これは体重管理の面ではよくないかもしれませんが、元々コーヒーブレークから端を発する方法論にとっては、絶対的な強みです。

長い時間にわたって様々な食べ物や飲み物が容易に手に入ることは、コンファレンスの参加者が複数の地域から参加する場合は、特に重要になります。たとえば、アメリカ人は通常ランチを正午にとり、プログラムはその1時間後に継続されると考えます。また夕食は6時か、遅くても7時です。しかしながら、世界のその他多くの国では、このスケジュールは正気ではなく、非常識なものだと考えられます。お昼寝（シエスタ）の時間は邪魔され、夜遅く食事をとることはできません。そしてその結果は、ハッピーでない人々をつくり出すのです！

しかし、この解決方法はいたって簡単です。すべての人が好きな時に食べたり寝たりすることを可能にすればよいのです。オープン・スペースはタスクを達成する一方で、そのような柔軟性も認めているのです。参加者がキッチンに左右される必要はまったくありません。また、もし参加者が遠方から出席した場合も、スケジュールは諸外国の習慣を取り入れたものにするべきでしょう。お腹がすいて、グーグー鳴っている状態では、積極的に参加するのは不可能です。

資材

オープン・スペースで必要とされる資材はあまりありませんが、それらはどれも不可欠なものです。次にあげる物がどう使用されるかについては、第5章で詳しく説明しますが、「準備」という意味では、次の物品を用意する必要があります。

- **マスキングテープ**※　5本。（5cm幅）
- **色つきマーカー**（濃い原色）。水性が好ましい。参加者100人につき約50本。
- **フリップチャート**。ブレーク・ルーム毎にスタンド付チャート1台。予備の用紙5束。
- **付箋紙**　76ミリ×127ミリの100個入りパッケージ2つ。

　これらの数量は絶対的なものではありません。参加者がたいへん芸術的であったり、言葉数が多かったり、無駄遣いが多かったりする場合は、もっと必要になるかもしれません。

　またレポートを作成したり、優先順位を設定したり、アクション・プランを準備したりするようなことを予定しているのであれば、多くのパソコンが必要になるでしょう（第3章参照）。しかし、飾り気のないオープン・スペースは、先ほど述べた最小限の物で十分に機能します。比較的小さいグループの場合は、レポート作成や優先順位付け、アクション・プランなどもパソコンがなくても可能です。

　最後に、75人以上のグループには、よほど反響のよい部屋でないかぎりマイクが必要です。OSTをうまく進行させるためには、人々はお互いの話を聞かなくてはなりません。しかし、小さな声はカーペットに吸収されてしまいがちです。またオープン・スペースでは、ワイヤレス・マイクが最適です。特に人々が動き回り始めると（実際にそうなりますが）、長いコードはとても危険なので使用できません。しかし、もしワイヤレス・マイクがない場合は、コードの付いたマイクでもよいですが、コードがどの参加者にも届く十分な長さかどうかを確認してください。大きなグループであれば、これは60メートルにも及ぶかもしれません。それはすごい長さです。またこの場合は参加者が動き出す時は特に注意してください、誰かがつまずいたり、首を引っかけたり、もっと悪いことも起きるかも

※米国でよく使われるテープ。日本のガムテープに近いが、さらに厚く、はがしても跡が残らない。

しれません。

マネジャーとの相談

　会場のマネジャーは、あなたのチームの中で最も重要な存在です。もし、彼らが以前にオープン・スペース・イベントをサポートしたことがない場合は、彼らが心地よく感じ、自分たちがOSTの活動の重要な役割を担っていると感じるまで十分に時間をかけることが大切です。そうすれば、OSTは他のイベントと異なっているため、少し奇妙に見えても、OSTのホスト役をすることが他のイベントよりとても簡単であることに気づくはずです。

　私はコンファレンスの事前ミーティングでいつも確認される詳細事項に加えて、マネジャーにオープン・スペースがどう始まったか、どんなふうに発展してきたか、またそのコンセプト全体について話すことが、その理解を促すのに役立つと考えています。たとえば、マネジャーは柔軟なスケジュールで食事を提供することが必要

ということばかりでなく、なぜこれが重要なのかを知る必要があります。彼らは様々な種類のイベントをサポートするビジネスのプロとして、その内容に関心が強いことでしょう。

　幸運にもその施設に他のゲストがいない場合（そうした状況を強くお勧めしますが）、他のゲストとの問題は起こりません。しかし、1つの施設を共同で使用する場合、オープン・スペースの参加者は明らかに不規則に部屋を出たり入ったりするため、従来型のミーティングをしている他の人々を少々当惑させるかもしれません。しかし、もしOSTの参加者が入ってはいけない場所を事前に明確にしておけば、この問題は回避できるでしょう。また、制約が多すぎる場合は、代わりの施設を探すことも考えられます。

　理想的な状況としては、施設の担当者も、適切にそのお祭り騒ぎに自由に参加してるとよいでしょう。当然ながら、もし組織の内部情報や微妙な問題が討議されているような場合は、部外者は無用です。しかし、そうではない場合、ホストを招待することは常にプラスになります。

オープン・スペースのためのチェックリスト

☐ **適性**
私たちは本当にこの作業をすべきなのか？ OSTは私たちの目的に合っているか？

☐ **テーマ**
明白で焦点が絞られており、かつ想像を膨らませる十分なスペースをもっているか？

☐ **招待状**

ゲストが確実に正しい場所、時間に到着し、即仕事に取りかかるための十分な情報が載っているか？タスクに関する説明は、結果を詳細に決めつけることなく参加者の想像力をかきたてるか？

☐時間
私たちがやりたいことのために十分な時間を割り当てたか？良いディスカッションのためには1日、書面にするためには2日間、すべてをまとめるためには3日間。

☐メイン会場
メイン会場は、参加者全員が1つの円か、3列までの同心円状になって快適に座ることができ、かつスペースに余裕のある、十分に大きい部屋か？

☐壁
ミーティング・ルームの中に比較的障害物のない壁があるか？それは十分に長く、参加者が2、3人以上重なることなく、その前に立つことができるか？マスキングテープは壁にうまく貼れるか？テープを貼ったら、そこのマネジャーは反対しないか？「テープ・テスト」はしたか？

☐その他のスペース
きちんとしたスペースを好む人々のために十分なブレークアウト・ルームがあるか？（参加者100人につき5つのルームが必要）その他の好みをもつ人々は彼らの好きな居場所を見つけることができるか？参加者が施設の至る所で作業をすることをマネジャーに知らせたか？参加者が入ってはいけない場所はあるか？

□ **食事と飲みもの**
食事とスナック菓子は最大限の柔軟性をもって提供しているか？ほとんどの時間を通して豊富な種類が用意されているか？

□ **必要なもの**
必要な物品は用意できたか？

- **マスキングテープ** 5本（5cm幅）。
- **色つきマーカー**（濃い原色）。水性が好ましい。参加者100人につき約50本。
- **フリップチャート** ブレーク・ルーム毎にスタンド付チャートが1台。予備の用紙5束。
- **付箋紙** 76ミリ×127ミリの100個入りパッケージが2つ。
- **マイク** できればコードレス。または参加者全員に届く十分な長さのコードが付いたもの。

□ **マネジャーとの相談**
施設のマネジャーと有益な時間を過ごしたか？
　オープン・スペースは彼らが以前に体験した何物とも似ていないことを彼らに知ってもらう必要があります。オープン・スペースでは、その準備のシンプルさと参加者の責任のおかげで、マネジャーの仕事は常にとても簡単で、実際、非常に楽しいでしょう。また、可能であれば適切なレベルでマネジャーに参加するように誘いかけてください。彼らはチームのたいへん重要な参加者でもあるのです。

楽しんでください！
また覚えておいてください。
もし楽しくなければ、
うまくいきません

第 3 章
エレクトロニック・コネクション

前述してきたように、オープン・スペースでは、ミーティング中にレポートを作成します。この本で最初に紹介した事例でも、225人の参加者が2日間で150ページのレポートを作成し、持ち帰れるようにそのコピーを製本しました。もしこれが、とてもハイテクなことのように聞こえたら、それは思い違いです。実際は、ワープロかデータベース管理プログラムがごく普通に使えれば、何も問題ありません。もちろん、それにはパソコンを使うことが必要ですが、今の時代、パソコンの使い方については知っておいたほうがよいでしょう。しかし、この作業に情報科学の博士号は必要ありません。
　オープン・スペースと同様に、その場でレポートを作成する考え方は、通常のミーティングから生ずるフラストレーションに端を発しています。今までの私の体験では、レポートを受け取った時には、それは、古過ぎて役に立たなかったり、重要な部分についてはすでに多くの場で発表されているため、どちらにしても必要でないことが多くありました。今まで誰もつくることができなかった真に役立つレポートとは、荒削りでも、すべての重要な情報が入っていて、その場で持ち帰ることができるものです。私はそれを可能にする方法が存在し、オープン・スペースで機能するのもそのような形であると思いました。
　実際の作業からもわかるように、オープン・スペースはレポートを準備する手順をシンプルにしています。それは、オープン・スペースの原動力が参加者の自由と責任から生じるからです。そのため、私たちがレポート作成のために行うべきことは、適切な数のパソコンを用意することと、参加者に自分たちがオープン・スペースの記録を作成し、受け取りたいという時だけ、責任をもった上で、自由にパソコンを使えることを知らせればよいだけなのです。あとは、基本的なフォーマットを用意すれば、レポートを書く準備は完了です。

実践ではどのようにすればよいのか？

　まずパソコンのことからお話しましょう。100人の参加者には、5台のパソコンで十分でしょう。そして、その比率（100人につき5台）は、どの規模の人数においてもうまく機能するようです。高級なものは必要なく、大きなハードディスクも必要ありません。

　パソコンはすべてのことが起きているメイン会場に設置します。これは、まるでパソコンが他の何かを汚染するかのように扱われ、後ろの部屋などに隠されてしまう通常のやり方とは大きく異なる点です。しかしながら、これから説明しますが、この異常に見えるやり方にもきちんとした筋道が通っています。というのも、レポートを作成するという作業は、オープン・スペースの会話を引き起こすために欠くことのできない要素なのです。もしパソコンをどこかへ

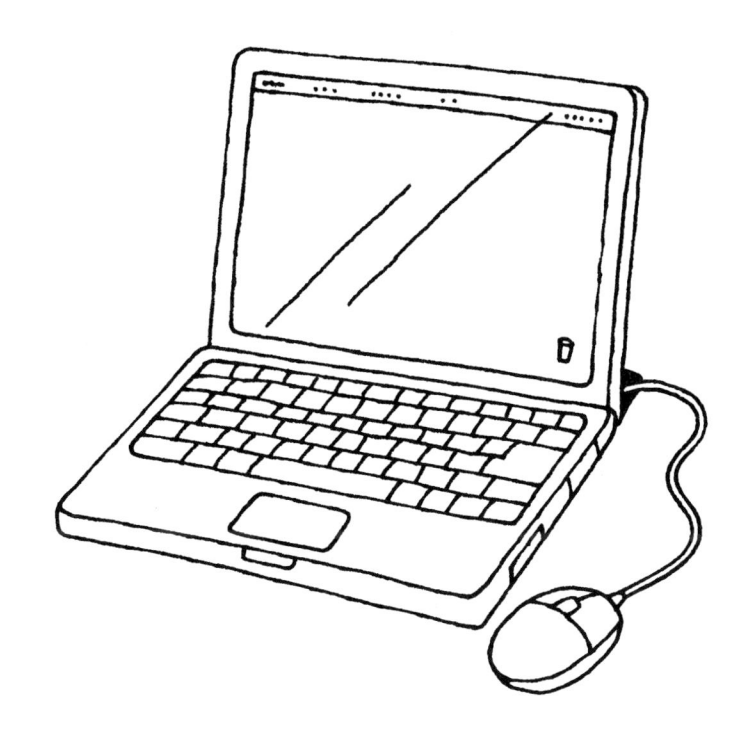

隠してしまったら、この会話は起こりません。

　パソコンを設置するときは、それを使用する人々は、たいてい自分たちのセッション・グループから何枚もの報告内容を書き込んだ紙を持ってくることを忘れないようにしましょう。これらの資料を広げるには、かなりの場所が必要となるため、パソコンは、スペースに余裕をもって並べるべきです。120 cm の幅に 1 台のパソコンが置かれているのがちょうどよい間隔でしょう。この間隔は、人々が資料を広げ、お互い邪魔にならずに作業をすることが可能なスペースです。

　パソコンが起動したら、次は、各グループの議長（convener）に、ディスカッションの適切な記録（セッション・サマリー）が残されていることを確認するように促します（これについては、強く推奨してください。しかし、絶対に命令してはいけません）。私がここで「確認」といったのは、議長以外の誰かがセッション・サマリーを作成するかもしれないからです。また、多くの場合、サマリーの作成作業はグループ全員で取り組むことになります。

　セッション・サマリーには、ある程度の統一性を与えるために、基本的なフォーマットを用意します。通常、それは次の 4 つの部分から構成されています。(1)タイトル、(2)議長（電話番号・住所）、(3)参加者リスト、(4) ディスカッション内容と提案。サマリーの長さは重要ではありませんが、サマリーはたいてい 5 〜 6 ページになります。中には夢中になり、10 ページのサマリーを作成する人もいるかもしれません。しかし、参加者自身がタイピング（入力）をする責任を負っているということが、冗長さを制限する条件として働きます。

　この時点であなたは、誰もパソコンの入力作業ができない場合や、参加者の地位を考えると、こうした入力作業がふさわしくないと認識されている場合には一体どうなるのかと心配しているかもしれま

> **フォーマット**
> 1. タイトル
> 2. 議長
> 3. 参加者リスト
> 4. ディスカッション内容と提案

せん。しかし、その心配は杞憂にすぎません。多くの場合、グループの誰かが入力できます。

　以前に一度これが当てはまらなかった例として、ヨーロッパのある大企業で、経営幹部が集まり、ビジネスの方向性を見直すためにオープン・スペースを行ったことがありました。この場合は、能力というよりも参加者の役職が問題でした。その企業の文化を尊重して、私たちは秘書を何人か用意し、セッション・サマリーを作成してもらいました。しかし、それはその幹部たちにとって完全な損失でした。通常、パソコンの周りは主要な社交場となり、アイデアが試され、捨てられ、再構築され、そうした一連の作業を経て最後に印刷に回されるのです。その様子は大手新聞社の編集室のように聞こえるでしょうが、それは、意図するところなのです。階級意識の強い重役たちは、そのすべてを経験することができなかったのです。

シンプルに保つ
　オープン・スペースで求められる技術は、複雑で圧倒されるようなものではありませんが、次の提案があなたのパソコン技術では難しい場合、パソコンに精通した親切な人を見つけることをお勧めします。

「ワード」などの標準的なワープロ・ソフトはセッション・サマリーを上手に作成するために活躍します。またはじめに、テンプレート機能を使い、前述したフォーマットに従って規定のページを作っておくとよいでしょう。

パソコン・コーナーには、親切で知識のある案内人がいます。レポートを作成するために人が入って来ると、この案内人がレポーター（セッション・サマリー作成者）に声をかけ、フォーマットされたテンプレート・ファイルの入ったUSBメモリー（訳者注：パソコンの使用法は現在に合うように訂正しました）を渡し、あいているパソコンに案内し、テンプレートを画面に表示する手伝いをします。この「案内人」の仕事は決して難しいものではなく、基礎的なパソコンの知識が要求されるだけですが、10台のパソコンにつき1人が必要です。またその人が休み時間を取れるように、何人か交代の人もいるとよいでしょう。仕事はきつくありませんが、ときどき休憩を取ることは大切です。

各グループのレポーターはサマリーを入力し、それをUSBメモリーの中に、レポーターの名前を付けて保存するよう指示されます（この時、参加者がパソコンに詳しければ、ファイル名に日時とレポーターの名前を入れるとよいでしょう。また各USBメモリーには番号を振って管理すると整理しやすく、混乱を防ぐことができます）。

すべてのUSBメモリーはミーティングの間、保管されます。もし追加や訂正が必要な場合は、USBメモリーを取り出し、同じ手順を繰り返せばよいだけです。ある参加者が複数のレポートを担当する時は、新しいサマリーは同じUSBメモリーに新規のファイル名で保存するか、新しいUSBメモリーを用意します。どちらの方法でもできますが、どちらか選択してその方法を一貫して守るようにしてください。

第3章 エレクトロニック・コネクション

　その作業全体で最も重要なガイドラインはKISS（Keep It Simple, Stupid：簡潔にしろ！）※です。あるレポーターは自分たちのレポートに凝ったページレイアウトや、異なるフォント、その他のエキゾチックなものを使っていろいろな飾り付けをしたいと思うかもしれません。しかしながら、この抑え難い衝動はどんなことがあっても避けなければなりません。なぜなら、個々のサマリーの時には問題ないのですが、最後にサマリーをレポートにまとめる時に障害となるからです。異なる命令体系は、内戦は言うまでもなく、暴力的な葛藤を起こす傾向があります。その結果生まれたカオスを解消するには、多大な努力と時間がかかります。

　最も重要な指示は、すべてを左揃えにすることです。これはインデントや段組みを設定しないということです。名前の次に電話番号を書く場合はバックスラッシュ（／）などで区切ります（例：Owen／301－469－9269）。主題が変わるときは、アスタリスクなどの巻頭記号（※や□）、番号、文字、そしてスペースを使用します。これは見た目にはパッとしないかもしれませんが、読みやすくなります。もし、レポートとしての美的センスが問題なのであれば、それは後でやればよいでしょう。この時点で重要なのは、文書でミーティングの記録を迅速に作り出すことなのです。ですから、見かけよりも実用性が優先されます。

　多くの場合、セッション・サマリー作成に関して問題は起きません。また、何か問題が起こったとしても他の参加者がすばやく専門家に扮し、解決してくれることでしょう。そして、こうしたサポートと仲間意識がミーティングのスピリット（Spirit）をさらに盛り

※プレゼンテーションの基本的な原則として知られる"Keep It Simple & Short"をもじった冗談。

上げるのです。これは、除外されるべきではありません。一言で言えば、無駄になるものは何もなく、すべてがぴったりと納まるのです。

ブレーキング・ニュース（Breaking News）

　1つのセッション・サマリーが完成すると、それが保存されたUSBメモリーはパソコン・コーナーの案内人へ返されます。パソコン・コーナーの案内人は、そのファイルをマスターファイルにコピーし、受け取った時間に従い順番に保存し、番号を振ります。またここで誤字脱字チェックをすばやくかけることで、大半の間違いをなくすことができるでしょう。その後サマリーは全員が読むためにプリントアウトされます。この印刷物は決して最終版ではありませんが、「ブレーキング・ニュース」（Breaking News：ニュース速報）と大きく書かれた張り紙に掲示されます。

　プリントアウトされ、掲示されたサマリーは、すぐに継続的な対話の重要なきっかけとなります。それらが壁に貼り出されると、それぞれのセッションに参加できなかった人々は、常に重要なポイントを知ることができます。そして、そのセッションに賛同したり、反対したり、詳細を知りたいと思う時には、自分でそのレポーターを探し、要望を伝えることができるのです。それを阻むものは何もないのです。

　レポーターが時間をとれない場合には、彼らはそうした文書に、承認または非承認を示すコメントを付け加えることができます。関心のある人々は、新しいUSBメモリーをもらい、自分の名前を付けた新規ファイルにコメントを入れます。そのように、新たなコメントが印刷され、元のレポートの横や近くに貼られることで、プロセスが続いていくのです。複雑なことは1つもありません。それは

文書を迅速に作るだけでなく、ディスカッションの全体の質を大いに向上させる効果的な手段となるのです。

　オープン・スペース・イベントが終わりに近づくと、最終版のレポートを準備するために、この創造的な執筆活動（セッション・サマリーの作成）は停止します。それぞれのファイルは受け付けた順に整理され、あるファイルに対して追加されたコメントも一緒に1つのファイルへとまとめられます。一度1つのファイルにしてしまえば、ページ番号は目次の作成と同じように自動的に振ることができます。ここで、ワードに入っている誤字脱字の確認ソフトを使うことはとても有益ですが、それぞれの書類に対して、誤字脱字の修正を含む最終的責任は、参加者自身がもつことを伝えておくとよいでしょう。

　フォーマットや字体に少し手を加えることも可能ですが、それは時間の制限がある中で、入ってはならない底なしの落とし穴であると思います。もう1つの落とし穴は、図やグラフの使用です。そのような材料は参加者に適切なフォーマットで提供されているならば問題はありませんが、決してグラフィック作業には入らないようにしてください。こうした作業は、一生かけても終わりません。参加者には、レポートは帰宅時に間に合うように印刷物として渡されますが、文飾を加えたい人にはデータで渡すことも可能だと伝えるとよいでしょう。

　最後にすべてが終わったとき、または終了時間が来たときは、**印刷ボタン**をクリックしてください。そうすれば製版準備は完了です。後は、印刷サービス業者に任せるのみです。

全部でどのくらい時間をかけるのか？

　私の経験上では、ディスカッションだけでなく、レポート作成にも十分な時間を取るには、最低2日間が必要です。またパソコンは、

初日の晩にかなり遅くまで利用できるようにするべきでしょう（間違いなく、それは使用されることになるでしょう）。また2日目もレポーターたちが切れ目なくパソコン・コーナーに出入りすることが予想されます。いつその入力作業を終了するかは、24時間営業している印刷業者が印刷にどのくらいの時間を必要とするかによります。製本を含めて150ページの書類を225セット印刷するには、7時間がおよその目安です。また、あなたが最後の編集をし、製版準備をする時間も加算しなければなりません。それにはおそらく5〜6時間かかるでしょう。そのため、あなたが翌朝の9時にレポートを手渡す予定であれば、前夜の7時が適当な締め切り時間となります。

プリンターは何台？

　プリンターは1台で十分です。逆に、私は1台しか用意しないことをお勧めします。コストを削減するだけでなく、より重要なこととしては、そのほうが物事はうまく機能するのです。その秘密は以下の通りです。プリンターが1台しかなく、それがメイン・パソコンのみに接続されている場合、何かをプリントアウトしたいと思う人は皆、メイン・パソコンの所へ来なくてはなりません。すると、それによって、あなたはレポートが作成されたことを知り、それを記録することができるからです。このシンプルなプロセスがないと、たいへん重要なレポートがあなたの気がつかないうちに、パソコンの中に残されたままになってしまうといったことが、しばしば起こります。そしてさらに、最終版のレポートに、そのセッション・サマリーが載らなくなってしまうのです。オープン・スペースにコントロールがまったくないわけではありません。ほんのわずかですが存在するのです。

パソコンなしのレポート作成

　少ない人数で取り組む際は、パソコンは必ずしも必要ではありません。パソコンを使用しない場合は、別の手段として、あらかじめ記録用の紙を用意するとよいでしょう。記録用紙に含まれる項目は、パソコンの場合と同様です（議題、議長〈電話番号・住所〉、参加者リスト、そしてディスカッション内容と提案です）。参加者は、サマリーの記入用紙を様々なセッションに持っていき、セッション中に記入し、提出します。きれいに字を書くことは、もちろん良いことではありますが、オープン・スペースでは、短くなった鉛筆で書かれた乱筆であっても十分に機能します。最終レポートを作成するためには、単純にこれらの手書きの書類を、コピーして配布すればよいのです。

コンピュータ・コンファレンスとマルチサイト・オープン・スペース

　近年、コンピュータの新しい応用法が進化してきました。元々は、専門的な知識をもった人だけのものでしたが、現在では使いたい人は誰でも利用できます。こうしたコンピュータの応用の1つにコンピュータ・コンファレンスがあります。Eメールや電子掲示板と混同しないように言っておきますが、コンピュータ・コンファレンスと前述のメディアの違いは、ランボルギーニ（Lamborghini）とシボレー（Chevrolet）ほどの違いがあります。それは、明らかに関連性があるのですが、完全に1ランク上なのです。コンピュータ・コ

ンファレンスは、無限の人間同士をつなぐことのできる可能性があり、それはEメールや電子掲示板で可能となっている断片的な形だけではなく、継続的で、インタラクティブな対話を実質的に、かつ大量に行うことができるのです。現在では、ITベンダーを通して入手可能な多数のプログラムがあり、今後もこの種類は、間違いなく豊富になることでしょう。

　もし私たちがここで、インターネットは言うまでもなく、コンピュータ・コンファレンスの詳細や機会について、より深く追求したら、話を戻すことができなくなるでしょう。ここで私が伝えたいのは、参加者の観点から見ると、セッション・サマリーを会場のマスターファイルに集めることと、オンラインで（あるいは、他の手段でも）サマリーをアップロードすることとは同じということなのです。唯一異なることは、地球上の違う場所にいる人々が、お互いに行っていることを瞬時に知ることができるということなのです。さらに、それぞれのグループは他のすべてのグループの思考やプロセスに貢献することができるのです。そして、すべてが終了した時、人々がどこにいようと、ただ**印刷ボタン**を押すだけで、瞬時に完全なレポートを手に入れることができるのです。

　テクノロジーのすばらしさに熱中して話がそれる前に、それがどこで、どのように適用されたのかについて少し紹介します。少し前のことですが、私たちはラーニング・オーガニゼーションに関するコンファレンスを、様々な理由から2つの遠く離れた場所、インドのゴア（Goa）とウェストバージニア州バークレイ・スプリング（Berkeley Springs）で行いました。参加者はメタネット（MetaNet）※でつながっていたため、お互い他のグループが行っているディスカッションについて知ることができたのです。そして、このコンファレンスはインドとウェストバージニア州で、実際に終了した後も、ネット上で続行されました。つまり、どちらかの場所で参加していた人は、モ

※イントラネットの製品の一種。米国バージニア州のアーリントンにある、メタシステム・グループ社（MetaSystem Design Group）が販売している。

デムとPCがあれば、どの電話回線からでもそのシステムにアクセスすることができたのです。結果的には、どちらのコンファレンスにも出席しなかった多くの人も、モデムを使用して参加することが可能となり、何が起こっているかを読み、各人の最善の考えを出すことで貢献することができたのです。

　直接顔を合わせる形で行われたコンファレンスが終了した後、そのコンファレンスは3カ月の間ネット上で続きました。私たちはそれを止めようと試みましたが、そのディスカッションがあまりにも良かったので止めることはできませんでした。実際、最良のディスカッションと多くの資料は、コンファレンスが終了した後に寄せられたもので、会場となった場所とは関係のない場所で、実際のコンファレンスに出席しなかった人々が生み出したものでした。さて、ではここでお尋ねしますが、このコンファレンスはどこで、いつ開催されたのでしょうか？その答えは、理屈には合いませんが、「どこでも、いつでも、お気に召すまま」というものになります。時間とスペースは、もはや、以前とは意味が異なるのです。

　たとえば、あなたの組織の戦略プランニング部門にとって、それが何を意味するかを考えてみてください。戦略プランニングとは、誰もがそれに関して話すけれども、誰も好ましく思わず、多くの場合はプランニング部門が莫大な時間と努力を費やして行うものです。その結論はすばらしいファンファーレを伴って他の人々に対して発表されますが、それに関心を示す人はあまりいません。というのも、そのプランはすでに古く、計画に携わった人以外は、数人しかそれに関わっていないからです。また、それが発表された時には、もはや次のプランニング・サイクルをスタートする時だからなのです。

　しかし、コンピュータ・コンファレンスを組み合わせたオープン・スペース・テクノロジーを使用すると、組織の大半、さもなければ全部を巻き込むことが可能となります。それは、短時間ですが集中し

た取り組みであり（たいてい週末の2日間か1日半でしょう）、関心のあるすべての人々の意見を取り込み、最大限の参加と関与を可能にするのです。今やそれは、買収時や急速な事業再生、そしてその組織のビジネス環境への迅速な対応を行う際に使われるようになりましたが、これらはすべて、ビジネスをどのように定義しようと、それを円滑に行うことに非常に関係しているように思えます。

追加オプション

オープン・スペースにおいて人々をサポートするために、パソコンを使用することの可能性は無限です。私が理解するかぎりは、テクノロジーの使い過ぎはオープン・スペースを混乱させたり、参加者自身で行ったほうがよいかもしれないことを奪う危険性もあります。しかし、そのような警告を考慮に入れても、まだなお革新の場がたくさん残されていることも事実です。

自然言語アナライザー（Natural Language Analyzers）

パソコンによる確実な革新の1つに、自然言語アナライザーと呼ばれる比較的新しいソフトウェアがあります。これまでのソフトウェアでも、文字を検索したり数えたりする、ありふれた機能はたくさんありました。しかしこの新しいソフトウェアは、そうした機能にとどまらず、言語の微妙な意味合いを捉えることによって、長い文章の中に表されている1つのテーマを（多少の指示があれば）識別することができます。それは、たとえ文章がランダムに1つにまとめられたとしても可能で、まさにオープン・スペースで必要とされるものなのです。ここまで説明してきたように、オープン・スペースではセッション・サマリーはそれぞれのセッション中で作成され、提出された順番に最終レポートに載せられます。そして、こ

の作成されたサマリーをよく読むと、最後には必ず、すべてのサマリーに共通したテーマの筋道を見いだすことができます。実際の現場において、この共通のテーマを見つけ出すのは、関連性や組織の潮流を発見するために非常に有効な手段です。またこの関係性や組織の潮流を発見することができれば、そこに投資することで、効率性や効果性を高めることができます。人々が、「私たちは皆、実際には同じことや類似したことを話しており、単に話し方が違うだけである」と気づくことは、共に取り組む上での最初の重要な一歩なのです。

　現在までに、オープン・スペースで自然言語アナライザーを使用した例は限られていますが、それは増加傾向にあり、興味深い結果を残しています。実際使用する際には、セッション・サマリーをプログラムで一括処理します。最初の数回は、サマリーをプログラムにかけても、あまり良い成果は得られませんが、この作業によって、ソフトウェアは徐々に賢くなります。そして、少しの操作を行うことで、参加者が気づく前に、共通のテーマを見つけることができるほどまでに、機能し始めます。ただし、馬車の前に馬を保つ※ことは重要です。コンピュータからもたらされるものは単なるアドバイスであることを忘れないでください。最後には、実際に仕事に取り組んでいる人々が、それらのテーマが本当に役立つものか、実体のないものかを見極めなければなりません。しかしながら、選択肢ができるということは、強みとなります。もしうまくいけば、参加者（場合によっては一部の参加者）は、共通のテーマに力を注ぐ決断をすることができ、その分野において深みや強みを得ることができるでしょう。しかしここで、彼らには常に「ノー」と言える自由が必要です。後ほどさらに詳しく説明しますが、「主体的移動の法則（The Law of Two Feet）」がサイバースペースの領域も含めて、オープン・スペースのすべてにおいて適用されるのです。

※本質的なことを見失わず、大切にしなければいけないということの例。

メガサイズの自然言語アナライザー

　上述した、パソコンにインストールできるプログラム以外に、多大なコストを伴い、大型コンピュータだけで作動できるモンスター・プログラムの製品がいくつかあります。それは本来共産圏（The Iron Curtain）から電子的に収集された資料を分析するために設計されたものでした。しかし、平和になったことで、同様の技術は他のことに利用できるようになりました。私はこのプログラムの１つであるインフォメーション・リファイナリー（Information Refinery、TASC社の開発）が、75秒で41万3000件の雑誌の記事を読み込み、テーマや共通性を識別し、結果を図示したのを見たことがあります。

　しかしながら、オープン・スペースにおいて最も適したシナリオは次のようになります。小型版のソフトウェアが新たに出てきた議論をすばやく処理し、それを元に参加者がより深く探究したいと思われるテーマをいくつか識別します。そして、これらのテーマは大型のソフトウェアに引き渡され、選ばれたテーマの主張をサポート、もしくは対立する有益な情報が、より広範囲なデータベースから検索されるのです。これは、どのような公共のデータベースからも良い結果を得ることができます。もちろん、インターネットのように世界全体に通じるデータベースも役立つでしょう。しかしながら、情報過多に陥るケースもよくみられるので、もしその作業をできる人がいれば、フォローアップが可能な手短なガイドを提供することが必要になります。

より一般的な適用

　サイバー惑星に乗ってサイバースペースを飛び回ることは本当に興奮することかもしれませんが、遅かれ早かれ帰宅の途に着かなければなりません。オープン・スペースは、組織が本格的な活動を開

始するために組織を良い状態にすることができます。3日間のオープン・スペースの閉幕までには、関心がもたれているすべての課題は識別され、討議され、レポートに記録され、そして優先順位が付けられています。さらに、初期段階のフォローアップも担当者が責任をもって引き受けています。オープン・スペースの終了は、プロジェクト管理や様々な企画の提案、そして予算編成など、多くの日常的な業務の開始となります。計画の遂行状態のトラッキングや、シナリオ構築、未来予想ゲームなどは、集まった参加者が生み出したすばらしい成果の完成をより確実にするためのいくつかの手段にすぎないのです。

第 **4** 章
オープン・スペースに向けてのファシリテーターの準備

オープン・スペースにおいて、ファシリテーターが担うユニークで欠くことのできない役割には、2つの主要な機能があります。この2つの機能とは、「**時間とスペースを創る**」ことと、「**時間とスペースを保持する**」ことです。これは、特に行動面においては、多くのことをするよりも、行うことを少なくする（doing less rather than more）ことを意味します。最も良いファシリテーターは、しっかりとそこに存在しているにもかかわらず、他の人にはまったく目につかないものなのです。

　もし、この主張が逆説、または片手で拍手をするような矛盾に聞こえるようでしたら、ここで、オープン・スペースの思想と実践とは、ありきたりの技術を単純に利用した平面的なものというよりも、禅や東洋の武道に共通するものであることを言っておかなければなりません。次にあげる2つの出来事は、もしかするとその矛盾を解消し、理解を助けてくれるかもしれません。

　1つ目の出来事は、オープン・スペースの最中に、あるクライアントが私の友人に「すべてはとてもうまくいっているようだが、ファシリテーター（私）が実際に**何かしている**のを見たことがない」と言っていたという話です。このクライアントは、私にかなりの大金を払っていました。ですから、このことはクライアントにとって重大な関心事でした。

　同じクライアントとの2番目の出来事は、私が250人のために行ったオープン・スペースでファシリテーターを務めた時のことです。コンファレンスは、開幕を除き、すべての会話がスペイン語で進行しました。それは特別のことに聞こえないかもしれませんが、私がスペイン語を話せないという事実を知ったらどうでしょう。皆さんは、一言も理解できずに、どうやって進行したのか不思議に思うかもしれません。

　しかし、オープン・スペースのプロセスは一般的に考えられるも

のとは多少異なったレベルと様式で進むため、それが可能だったのだと私は思います。もちろん、皆さんには自分なりの結論を引き出して頂きたいと思いますが…。

　この章を書いている最中も、私はある種の不安をもっています。しかし一方で、これはオープン・スペース・テクノロジーの核心に触れるものであり、だからこそ執筆しなければならないのだという信念をもっています。この章は、ある人々にとって疑問を強く感じさせるものだということも理解しています。「何もしないこと」について知的に話すことは難しいからです。ですから、どんなにそれをうまくできたとしても、私にできることは、いくつかの有効な方向を示し、そのヒントがメッセージを伝えるのに十分であることを祈るだけでしょう。しかし、少なくとも、オープン・スペース・テクノロジーが４つの主要メカニズム（輪、呼吸、掲示板、そしてマーケットプレイス）や単なる手順以上のものであることは、明示できるかもしれません。

時間とスペースを創り、それを保持する

　時間とスペースを創り、保持するという概念は、時間とスペースは私たちがまったくコントロールできない（たとえできたとしてもほとんどコントロールできない）、普遍的で、与えられたものであるという一般的認識とは矛盾するように思えるかもしれません。おそらく、私たちは時間とスペースのどちらも創ることができると提案することは、奇妙な話に聞こえることでしょう。

　しかしながら、私たちは日常会話の中で頻繁に、誰かのため、もしくは何かのために「時間を創る」とか「スペースを創る」という表現を使います。これらの考えはどちらも、時間とスペースを普遍的な抽象概念として捉えていることに加えて、時間やスペースを「私

の時間／スペース」とか、「あなたの時間／スペース」または「私たちの時間／スペース」というように、個人あるいは人間的な側面から捉えられるものとして見ていることを意味します。

　本書で時間とスペースの謎を解決することが私の意図するところではなく、その必要性もないと思います。このことに関しては、今まで多くの人々が試みましたが、ほとんどの人が成功しませんでした。あえてあげるなら、その中でも、哲学者のセント・オーガスティン（St. Augustine）が一番成功しているほうでしょう。彼は「時間を説明しようと試みるまでは、時間を完璧に理解しているつもりだった」と言いましたが、これが一番正直な解答かもしれません。もし十分な説明が不可能であるならば、それはまた不必要だということでしょう。ここでは、時間とスペースが、少なくとも部分的には人間の人工物であることを皆さんに認識していただければ、私の目的は達せられます。

　時間とスペースを創るということは、1つには人間的または**人間性を与える**活動であるといえます。私たちは時間とスペースを創る際に、自分たちのアイデンティティーも創り出します。私は私になり、あなたはあなたになり、そして彼らは彼らになります。その個人特有の時間とスペースをなくしてしまったら、私たちは私たちでなくなってしまうのです。

　海外に行くと、この文化的アイデンティティーを確立するために、時間とスペースが果たしている役割に気がつきやすくなります。ほとんどの場合、このアイデンティティーは旅行者にとって不快な体験となり、ときどき（攻撃的な）冗談の題材になります。アメリカの白人から見れば、ラテン系とアフリカ系黒人はいつも遅刻するということになりますし、男同士でも公衆の面前でキスして手を握り合うイタリア人やその他の南ヨーロッパの人は、体を近寄せ過ぎるというふうに感じてしまいます。もちろん、異なる角度から見れば、

第4章　オープン・スペースに向けてのファシリテーターの準備

アメリカ人は威圧的であり、よそよそしいということになります。ここでのポイントは、複数の異なる時間と異なるスペースの概念は機能しており、そのどれもが正しくもなければ、間違ってもおらず、ただその概念をもつ人々にとっては最も確実なものであるということなのです。

　多くの人々にいえることは、一部の人々にも当てはまるようです。たとえば、ラテン・アメリカやアフリカ系黒人でなくても、私たちの知り合いの中には、いつも遅刻する家族がいます。また、企業も、それぞれの時間とスペースの感覚をもっています。リラックスしている企業もあれば、ひどく緊張しているところもあるでしょう。

　そこで、人々が一緒に集まって何かを達成したいと願う時は、時間とスペースを創る必要があります。それは忙しいスケジュールの中で、あるホテルに集まるために4日間（日数はプログラムによりますが）を割いたのだという感覚ではなく、自分自身と自分たちの任務にとって特有の、独自の時間とスペースの感覚を創り出さなければなりません。それに失敗すると、彼らは絶対にまとまることは

なく、それゆえ決して仕事を成就することはないのです。

最終的には、そのグループ（もしグループになれたとしたら）は、独自の（感覚の）時間とスペースを創り出し、それを保持するでしょう。しかし、時間とスペースを創る行為はどこかでスタートさせなければなりませんし、創るのは早ければ早いほどよいでしょう。そこで、ファシリテーターの根本的な役割は、時間とスペースを迅速に創り、それを保持し、それによって手元にある課題を達成できるようにしていく、ということになるのです。

しかし、次のことを頭に入れておいてください。創り出されて保たれるのは、単なる普通の時間とスペースではなく、そのグループ特有の特別な時間とスペースです。加えて、グループが新しい選択肢を自由に探し、少し馬鹿げたことさえできる雰囲気をもつ、**安全な時間とスペース**[※]でもあります。

このことは、ファシリテーターが自らの時間とスペースを参加者に強制することを、まず排除しています。たとえば、もしファシリテーターが北米からやって来た人で、参加者は全員南米に住んでいるとしたら、ファシリテーターの時間とスペースの感覚を押しつけることは間違っており、実際馬鹿げています。そのような押しつけはうまくいきませんし、反感を買うだけです。もし、北アメリカの人間がラテンの参加者の前に立って「すべてのセッションは時間通りに、私の時計で始めます」と大声で宣言したら、どういう反応があるか想像してみてください。このシナリオは容易に想像でき、不幸にも、実際に頻繁に起こり、想像通りの結果を招きます。ミーティングを効果的にするためには、その土地固有の時間とスペースが現れてくることを許容しなければならないのです。また、それはファシリテーターが、安全な環境を創り出した場合にのみ可能となるのです。

この安全な環境を創り出すためには、ファシリテーターが陥りが

[※]参加者が自由で、恐れや不安のない状態でいられる時間、または場のことをいう。（ヒューマンバリュー）

ちな、独断的な行動を慎まなければなりません。これは、些細な場面で、無意識のうちに現れることが多いものです。たとえば、ラテン・アメリカで仕事をしている北アメリカのファシリテーターが、自分の時計をちらちら見ることは、物事が遅れているという事実だけでなく、遅刻は悪いことだと判断していることを伝えるコミュニケーションとなってしまいます。ですから苦痛であっても、時計をポケットにしまい、スタートする時が来ればスタートするのだと考えているほうがはるかによいのです。

　ファシリテーターの仕事は物事を時間通りに運ぶことではなく、むしろ安全な時間の創造を可能にすることにあるのです。創り出した時間により、どのようなペースをつくるか。また、時間の緩さや正確さに関してどう判断するかは、参加者自身に委ねられているのです。ここで私たちは次のような重大な質問にぶつかります。その質問とは、ファシリテーターはこれらすべてをどのようにするのか？というものです。しかし、ここでは「〜すること」(doing) よりもむしろ「〜であること」(being) が問題となるのです。確かに、オープン・スペースの準備やその最中にやるべきタスクはたくさんあります。言わなければならないこと、物の移動、張り紙の作成、話し合いなど。私たちはすでに多くの準備作業を列挙してきました。この後の章では、オープン・スペースが進行するに従い、他に何をすべきかについての詳細を見ていきます。しかし、今の時点では、「〜**すること**」よりも「〜**であること**」に焦点を当てて述べていきたいと思います。というのも、ここに重要な核心があるからです。ファシリテーターが本当に確実にそこに存在していないかぎり、物事をやろうとやるまいと、違いをもたらすことはできません。

確実に存在する

「確実に存在する」という私のフレーズは、それが意味することよりも多くの問題を生むかもしれません。この言葉をより理解するために、私の友人であり仕事仲間でもあるエンジェルス・アリエン（Angeles Arrien:愛称アンジー）の言葉を借りたいと思います。この惑星にどっぷりと生活している時やオープン・スペースのファシリテーターをしている時、アンジーは次の4つの事柄が必要であるとしています。

・姿を見せること
・存在していること
・真実を述べること
・すべてを手放すこと

まず初めに、オープン・スペースを始めるにあたって、あなたは**姿を見せる**必要があります。これは複雑なことではなく、単に目の前に物理的に存在する必要を意味しています。もちろん、ただの物理的存在では確実な存在であることは保証できません。しかし、もし身体がそこになければ、何もできないことは確かですし、身体が元気な必要があることも確かです。疲れていたり、二日酔いであったり、精神的に疲れきっていたのでは、まったく役に立ちません。安全なスペースは静寂なスペースであり、その静寂さは、ファシリテーターであるあなたから始まるのです。

存在していること。これは姿を見せることを言い換えているよう

4つのポイント
1. 姿を見せること
2. 存在していること
3. 真実を述べること
4. すべてを手放すこと

に聞こえますが、はるかに深遠なものとなります。私たちは皆「身体があっても、意識はどこかに行っている」ような時間を知っています。それは放心状態や注意が散漫な状態などと呼ばれます。そのような状態の人がいると、周囲の誰もがそこには身体だけが残っていることがはっきりとわかります。存在しているということは、その反対です。それは周囲の人々にしっかりした足場と、現実味、そして確実性について、確信を与えるということなのです。それが安全性や平和、強さへとつながります。本当に「存在する」人の前にいることは、芯から心地よいことであり、それは強さを伴うことを意味するのです。

　真実を述べるということは、ファシリテーターの存在の質を定義します。これは本当に難しい仕事です。なぜならば、ここで実際に問われるのは、事実を忠実に報告できること（それは確かに役立ちますが）ではなく、むしろ**「真実でいる」**ことにあるのです。つまり、それは、その人の在り方が本質的で、力強い、すばらしい人間性を反映していることを意味しているのです。

　人間は真実を語る人がそこにいると、「言うこと」と「すること」の間に隔たりを感じなくなります。言葉と行為が矛盾しなくなります。そして、真実が話される時に判断が加えられている場合には、その人の中で自己管理された判断がなされていることが、見る人の目には明らかとなります。真実の前に立つということは、要するに、その人の強さと弱さを理解することなのです。これは、他の人に判断を仰ぐ必要はないほど、明らかなことなのです。

　最後に、**すべてを手放すこと**です。アンジーはこう言っています。「決まった結論に執着するな」。彼女と私のどちらの考えにしても、要は、私たちはどんな物に関しても永久的な権利はもっていないということです。そして、それを手放すのが早ければ早いほど、物事は良くなるのです。それは、私たちにコントロールする権利がなく

なったというよりも、単に私たちは始めからコントロールする権利などもっていなかったということなのです。このフレーズは、私たちの多くがそうであったように、コントロールする権利を守り、それを獲得するために全人生を費やしてきた人々にとっては明らかに受け入れ難いものかもしれません。しかしながら、手放すということは、オープン・スペースの効果的なファシリテーションにとって必要不可欠なものです。**私の知っているかぎりでは、オープン・スペースを確実に失敗させるやり方が間違いなく1つ存在します。それは、コントロールしようと試みることです。**それではうまくいきません。すべてが完全に停止するか崩壊するだけです。どちらに転んでも、結果は良くはありません。保証します。

時間とスペースを創り出す～アンジーの助けを借りて～

　ファシリテーターの仕事は、人々が自分たちの可能性を実現できるような時間とスペースを創り出すことにあります。その可能性とは、新商品かもしれませんし、戦略プランニングや組織の再構築かもしれません。また、ファシリテーターは、時間やスペースを強制し、ソリューションを押しつけて指示すると失敗するという、本当に不思議な役割です。やればやるほど、より成果が出せなくなるのです。ファシリテーターは、物理的に目の前にいて、しっかりとそこに存在し、真実となり、邪魔をしないように道をあけることが重要なのです。一度経験するとわかりますが、究極のファシリテーターとは何もしないで、目につかないのです。

　一朝一夕では、この役割を引き受けるための準備をすることはできませんし、それを天に任すこともできません。むしろ、その準備は意図して継続的に行われ、将来ファシリテーターとなる人の人生の一部とならなければいけないのです。

この記述は、前に私が言った、オープン・スペース・テクノロジーは簡潔で、人並みに良い頭と心をもっている人であれば誰でも始めることができるという提言とは大きな食い違いがあるように見えます。しかし、この提言は、ある程度純粋な意図をもつ人なら誰でも、オープン・スペースのための必要な時間とスペースを事実上創り出すことができるというものでした。そのため、大小様々な規模の参加者を相手に、論争によって真っ二つになったり、言語や文化によってバラバラになったりしている人々に対して、定期的に何度もOSTを実施できるかどうかは別問題となります。このように、安定してOSTを実施するためには、より良い頭とより良い心をつくるための継続的な準備と練習が必要なのです。

　この準備と練習のやり方は、個人によって大きく異なるため、私がやっている方法が他の人には非生産的になったりします。一言で言えば、1つの正しい方法などはなく、役に立ついくつかのやり方があり、個々人が自分で見つけなければなりません。私自身は、オープン・スペースが始まる前の数時間、深く瞑想することが欠かせません。しかし、あなたにとっては、散歩したりジョギングをしたりすることで、同じ結果が得られるかもしれません。過程がどうであれ、それは、自分自身を理解し、目的を鮮明にすると共に、その環境と人々へ自分を開放することです。そこには効果的だと立証された数え切れないやり方や練習、そしてテクニックがあります。それらは、偉大な宗教的伝統や世俗化された思考の中に見つけることができるかもしれません。

　繰り返すと、唯一の正しい方法などは存在しません。そこにはあなたや、あなたがやろうとしている仕事に適切な方法がいくつかあるだけです。私のやり方の中には、毎日行う少なからぬ瞑想と自省が含まれており、オープン・スペースの直前にはそれらをより深く行います。何があなたにうまく働くかは私にはわかりませんが、定

期的にオープン・スペースを行うつもりが少しでもあるのなら、参加する人々と、あなた自身に対して、注意深く準備作業をする責任をもつことになります。それを行わなければ、失敗や精神的消耗、あるいはもっとひどい結果を招くこととなるでしょう。

> 究極の
> ファシリテーターとは、
> 何もせず、
> 目につきません

第 5 章
会場準備

オープン・スペースを始めるためには、まず事前に会場の準備をしなければなりません。このタスクは決して複雑ではありません。施設の担当者が、適切な数の椅子や、パソコン、コーヒーブレーク用のテーブルなど基本的なものをすでに用意していれば、参加人数がかなり多くても、たいてい準備は1〜2時間もかからずに終了します。

　私にとっての会場準備とは、「何かをする」ということではありません。物理的な面でしなければならないことも多くありますが、会場準備で私がいつも心がけることは、人々が到着する前にそのスペースに自分が慣れておくことです。そのため、ほとんどの場合、私は開始時間の少なくとも2時間前、たいてい3時間前に会場に着くようにしています。そして、まず始めに、そのスペースを歩き、その感触を掴みます。また、人々が到着したときのことを、あらかじめ思い浮かべます。これはアジェンダがどうなるかとか、どのような特定の相互作用や成果が現れるかなどを考えるのではありません。そのようなことはすべて参加者が決めることであり、彼らが自分たちのやり方で行うことです。ここで重要なことは、オープン・スペースが始まったとき、そのホールに充満するエネルギーとスピリット（Spirit）の真ん中に、自分を置くことにあるのです。それは「祈り」と呼んでもよいかもしれません。

　私は、一番初めに自分が暗く静かな会場に足を踏み入れた瞬間から、オープン・スペースがスタートすることをはっきりと悟っています。その沈黙の中で、私はこれからやって来る人々を迎え入れ、そのスペースの中に、そして最も重要なこととして、私の心の中に、参加者のための場所を用意するのです。私の場合、この準備を行う上で、部屋のちょうど中心の床に座り、オープン・スペースの真ん中に自分を置くことが役立つこともわかっています。次にやって来ることに備えて、しっかりとそこに存在するために、他の詳細な事

柄に取りかかる前に、自身の準備を続けなければいけないのです。

実際の準備：円状に並べられた椅子

　オープン・スペースは1つの輪（circle）、あるいは利用できるスペースの中でつくることができる、可能なかぎり円に近いものの中で起こります。小さいスペースで参加人数が多い場合は、同心円（二重、三重の円など）を作る必要もあるでしょうが、それも輪です。どういうわけか、ホテルの担当者はこれに当惑します。前もってレイアウトを描いてみせても、来てみると、すべての椅子がきちんと正方形に並べてあるといったことがよくありました。ときには、椅子が標準的なシアター形式に並べてあったこともありました。このように、古い習慣はなかなか消えませんが、これは変更しなければなりません。その時居合わせた早番の従業員が手伝ってくれるとよいのですが、そうでない場合は、あなたがこの作業をすることになります。私はこの作業が楽しく、有益な、あらゆる意味での**運動**になると思っています。それは、オープン・スペースを行う準備において、肉体的な準備となるのです。

たっぷり余裕のあるスペース

　必ず輪の中心にできるだけ広くスペースを取ってください。なんといっても、これは「オープン・スペース」なのです。これには、いくつかの実務的な理由があります。1つ目は、いったんオープン・スペースが始まると参加者の大半がその中央部にいることになるからです。参加者が十分に動き回れる広い空間を確保しなくてはなりません。2つ目に、さらに重要な理由として、その場所の雰囲気と第一印象があります。大きな輪があり、その真ん中に大きな空間があるとき、その印象がもたらす効果はすばらしいものです。人々は

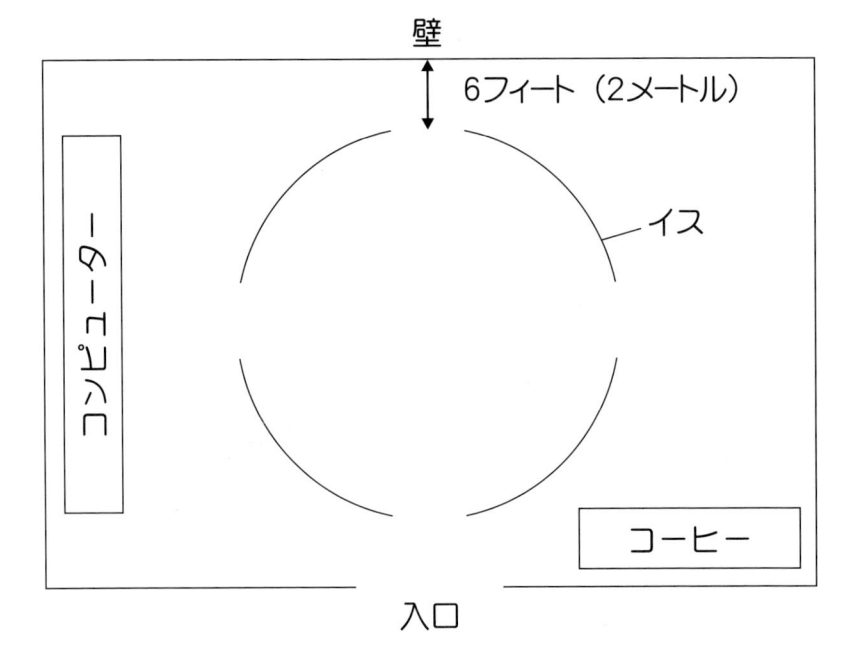

到着すると同時に、異なる環境にいることを理解します。そして、古い習慣（列の中で静かに座ること）は確実に消えていきます。

壁への道をあける

　最大限のスペースを中央に設けることも重要ですが、参加者が自分たちのセッションを貼りつける壁への通り道もあけなければいけません。参加者が議題を貼りつけるために自由に動き回るスペースとして、椅子の背から壁までの間隔を6フィート（2メートル）あけてください。

出入口

　参加者は輪から出たり入ったりする必要があります。3、4カ所、輪の中に椅子数脚分の隙間を設けて、人が通れるようにしてください。

中央には（ほぼ）何もない状態

時折、輪の真ん中に、紙やマーカー、マスキングテープを置くための小さなテーブルを用意することを提案されることがあります。これは関節炎がある人や腰を曲げることができない人にとっては楽かもしれませんが、なるべく避けたい提案の１つです。なぜなら、快適性や実務性よりも印象の方が重要だからです。もし、輪の真ん中に何らかの（大きな）物体があると、参加者同士の視線が合うのを邪魔することになります。これは致命的なことではありませんが、好ましくはありません。階層や地位に関係なく、全員が同じ高さで座り、間に何も妨げる物がなく、目線が同じであることが同等な参加を示す強力な声明文となり、真に協働的な取り組みの条件が整うのです。そして、私はこれがオープン・スペースのすべてだと思うのです。ですから、輪の中には、議題を書くための紙と色つきマーカー、張り紙を壁に貼るためのマスキングテープ以外は何も置かないでください。

張り紙の作成と掲示

オープン・スペースの特徴の１つは、参加者が実際にすべてを自分たちで進行することですが、その開始には少し助けが必要です。そのため、メイン会場に張り紙を掲示する必要があります。この張り紙は、特に凝る必要は何もなく、人々を正しい方向に導くのに必要な情報が簡潔に載っていればよいでしょ

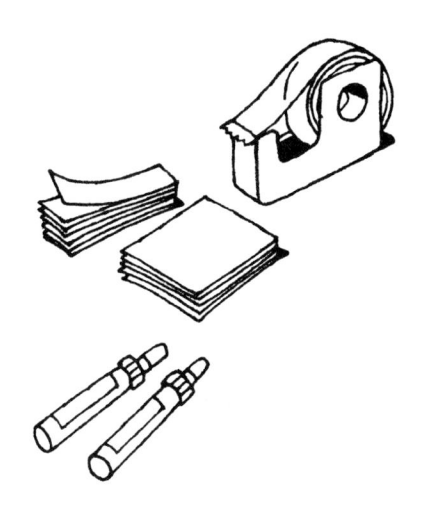

う。

　特に企業では、コンファレンス用の張り紙の準備に何週間もの時間と、多くの人々、それにかなりの資金が投入されることがよくあります。これをオープン・スペースで行うこともできますが、その必要性はまったくありません。私は、必要な張り紙をすべてオープン・スペースの当日の早朝に作成します。これはフリップチャートの紙に手書きするだけで十分です。そうすれば、多くのお金と労力が節約できるだけでなく、オープン・スペースは仕事をするための環境（余計な飾りはなく、何かを達成するために、共通した関心をもった人々が集まっているだけ）であることを視覚的に示すメッセージにもなります。

　さらに、これらの張り紙は、人並みの良い頭と良い心をもった人なら、誰でもそれができるという例となります。オープン・スペースでは、ポジティブで、生産的な仕事環境を創り出すことに、多額の予算や、多くのサポート・メンバー、そして何週間にも及ぶ事前準備を必要としません。いつでもやりたいときに誰でもそれができます。たとえわずかな時間しかなく、参加人数が少なくてもそれは同じです。この知識は、オープン・スペースの検証の際に重要となります。このオープン・スペースが閉幕するまでに、オープン・スペースが本当に「人々によるテクノロジーである」ことが、すべての人々に理解されるべきだからです。いつでも、どこでも、やりたい人なら誰でも「この」オープン・スペースで体験したのと同じレベルの効率、効果性、楽しさ、相互作用、イノベーション、そして創造性を生み出すことが可能なのです。これらすべてを閉幕の際に話すことも有用ですが、準備の段階で、こうした発言を理解するための基盤をつくることも大切です。

　作成すべき張り紙は次の3種類です。

- テーマ、行動、そして期待が書かれたもの
- 「各日程のスケジュール」と「スペース・タイム・マトリクス（Space/Time Matrix：スペースと時間を表にしたもの）」
- セッション・サマリー

テーマ、行動、期待

すべてのオープン・スペースはテーマをもっています。テーマはオープン・スペースが開かれる理由であり、招待状の主題となります。ですから、このテーマを簡潔に述べる張り紙を1つ作るべきでしょう。

オープン・スペースにおける行動は、4つの原理と1つの法則に

4つの原理　＜ The Four Principles ＞

- ここにやって来た人は誰でも適任者である
  Whoever comes is the right people.
- 何が起ころうと、起こるべきことが起きる
  Whatever happens is the only thing that could have.
- それがいつ始まろうと、始まった時が適切な時である
  Whenever it starts is the right time.
- それが終わった時が、本当に終わりなのである
  When it's over, it's over.

1つの法則　＜ The One Law ＞

主体的移動の法則　The Law of Two Feet

よって導かれていきます。どのようにそれを実践するかについては、次の章で、実際にオープン・スペースを開始する際の説明で紹介しますが、ひとまず、記載すべき言葉のみ以下に記しますので、次の項目を記載した２つの張り紙を作ってください。

　これに加え、もう１つ、追加の張り紙を作らなければなりません。それにはこう書いてください。

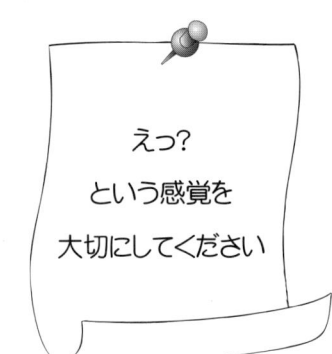

> えっ？
> という感覚を
> 大切にしてください

「えっ？　という感覚を大切にしてください」
("Be Prepared to Be Surprised.")
　こうして、４つの張り紙ができます。
　（１）　テーマ（簡潔に記載）
　（２）　４つの原理
　（３）　１つの法則
　（４）　「えっ？という感覚を大切にしてください」

　参加者の人数が多い場合は、それぞれの張り紙を複数用意する必要があるときもあります。完成したら、**上記の順番でその部屋に何枚か貼ります**。しかし、**議題が貼られる壁の上には貼らないでください**。また、見やすくするために、必ず高い位置に貼ってください。

　張り紙の順番は、参加者にとってあまり意味はないのですが、ファシリテーターにとっては、たいへん大きな助けとなります。なぜなら、この張り紙は、実際の開始のときに、話すべき要素や取り上げる順番を思い出させてくれる「キューカード（メモ）」となるからです。

スペース・タイム・マトリクスと各日程のスケジュール

　議題が貼られている「壁」は部屋の一部です。この壁は妨げとなる物が何もないことが重要です。そのため、もし施設の人がそこに植木や、コーヒーの用意、または予備の椅子などを置いていたら、会場準備の段階でそれをすべて取り除いてください。いったんオープン・スペースのプロセスが始まると、その壁がアジェンダとなりますが、最初の時点では、できるかぎり何もない状態にしてください。それによって、事前にアジェンダは存在しないという重要な意思表示がなされるのです。私たちは文字通り白紙の状態から始めるのです。

　何もない状態を強調したところで、その「壁」に貼る必要のあるものについて話をしたいと思います。まず、壁のちょうど中央には「スペース・タイム・マトリクス（Space/Time Matrix：スペースと時間を表にしたもの）」を貼ります。この表は、各セッションの時間と場所を迅速かつ容易に指定できるようにするものです。たいへん少ない参加人数（15人以下）の場合、これは必要ないかもしれませんが、それでもこの表を用意することは役に立つと思います。そして次に、スペース・タイム・マトリクスの横にスケジュールを貼ります。マトリクスに細かい点が載っていますので、スケジュールにはそれほど詳細を書く必要はありませんが、各日程の開始時間と終了時間、そして食事時間を記載するとよいでしょう。

　スペース・タイム・マトリクス（シンプルなもののわりには気取った名前ですが）を準備するためには、76ミリ×127ミリの付箋紙と、5～6色の色つきマーカー、マスキングテープ、そしてフリップチャート用紙が必要となります。また、利用できるブレークアウト・ルーム※や、その他利用できるエリアの名前やスケジュールも必要となります。

　スケジュールには、オープン・スペースの開始時刻や終了時刻、

※breakout room：小グループに分かれて議論を行うための部屋。ブレークアウト・エリアと同義。

昼食の時間といったものが含まれます。これらの時間は、各セッションの時間を決める目安になります。

　私は各セッションに1〜1時間半を使うことを推奨しています。もっと長くしたり短くしたりすることも可能ですが、このくらいの時間で長年にわたってうまく機能してきました。以上のことを踏まえると、基本的なスケジュールは次のようになると思います（※次ページ参照）。この表には1日のみ、2日間の場合、3日間の場合と、すべてのオープン・スペースのスケジュールを載せておきました。当然、あなたはニーズに合わせて適切なものを選ばなければなりません。また、これは単なるスケジュールですから、あまり神経質になったり、イライラしたりしないでください。このスケジュールの中であなたがしなくてはならないことは、次の章で説明します。

　このスケジュールを念頭に、次は、スペース・タイム・マトリクスの作成に移ります。この表を初めて作成する際は、おそらく何回か失敗するかもしれませんが、経験を積むに従って簡単になります。

　スペース・タイム・マトリクスは、横軸（上部）が時間を示し、縦軸（左側）は場所を示します。ここではこの表の作成方法についてかなり詳細な説明をします。また、もしもっと上手にできる方法を考えついたら、ぜひそれを実行してください。しかしながら、最初はここに記載した方法に従うことをお勧めします。これは宇宙工学ではありませんが、ここに書いてあるやり方を心に留めておけば、マトリクスの作成にあたって苛立つことはなくなるでしょう。

　まず、作成にあたり、1枚のフリップチャート用紙を床に置き（縦または横に）、左の端から約20 cmのところへ付箋紙を上から下まで1列に貼ります。この際、1つのブレークアウト・エリアにつき1枚の付箋紙を使います。もし、追加のフリップチャートが必要な場合は、マスキングテープでもう1枚つなぎます。

　続けて、付箋紙を上端から約20 cmの場所に横方向へ貼り、各

スケジュール

1日目

9:00 - 10:30	開始とアジェンダ設定
10:30 - 12:00	第1セッション
12:00 - 1:30	昼食
1:30 - 3:00	第2セッション
3:00 - 4:30	第3セッション
4:30 - 5:00	イブニング・ニュース

＊もし、これが1日のみのオープン・スペースであれば、イブニング・ニュースはクロージング（閉会）に変更され、時間は少なくとも1時間半延長されるべきです

2日目 （必要な場合）

9:00 - 9:30	モーニング・アナウンスメント
9:30 - 11:00	第1セッション
11:00 - 12:30	第2セッション
12:30 - 2:00	昼食
2:00 - 3:30	第3セッション
3:30 - 5:00	第4セッション
5:00 - 5:30	イブニング・ニュース

＊もし、これが2日間のオープン・スペースであれば、イブニング・ニュースはクロージングに変更され、時間は1時間半延長されるべきです

3日目 （必要な場合）

9:00 - 10:30	議題の読みあげ、及び優先順位付け
10:30 - 11:00	結果の集計
11:00 - 12:00	議題の収束／アクションの作成
12:00 - 1:00	昼食
1:00 - 2:00	アクション・グループの顔合せ
2:00 - 3:00	クロージング

時間の割当て欄を作ります。この時間軸は**1日目の最初のセッションの開始時間から枠をとります**。初日の最初の活動であるアジェンダ設定の時間帯には付箋紙は必要ありません。また繰り返しになりますが、もしさらにフリップチャートが必要になったときは、その都度追加してください。

次に適切な時間とブレークアウト・エリアを記入します。まず、この時点では、おそらくかなり大きくなった紙の左端にそれぞれのブレークアウト・エリアの名前を付箋紙の横に記入します。次に、上の方に並べて貼ってある各付箋紙の上側に時間帯を順番に記入します。もし、複数の日程がある場合は、一番上に日付を表示します（例：第1日目、第2日目）。それぞれの日に異なる色のマーカーを使用してください。最後に、昼食やイブニング・ニュース、モーニング・アナウンスメント、クロージング（閉会）の欄に付箋紙は必要ありませんので、それらの付箋紙ははがして空欄にします。それが全部済むと、次ページのような表ができます。

後は、事実上頭を使う作業はほとんどなく、単純作業だけです。実際、考えることは、かえってあなたを混乱させるだけでしょう。

まず、すべての列と行の中に付箋紙を貼り付けることによってマトリクスを埋めてください。次のステップでは、マトリクス上の場所と合致したスペースと時間を、それぞれの付箋紙に記入します。たとえば、次のページの図に示したマトリクスの最初のセルにある付箋紙には「グリーンルーム 10：30 － 12：00」と記入します。もし、これが数日間のオープン・スペースであるなら、日付も含めなければなりません。その際は、それぞれの日に異なる色のマーカーを使用してください。

これらの作業は同じ作業を1つずつまとめて済ませたほうが、ずっと簡単にできます。まず、貼られた付箋紙に**時間帯だけ**を記入します。この際、マトリクスの縦方向に同じ時間帯をどんどん記入

第5章 会場準備

	10:30 - 12:00	昼食	1:30 - 3:00	3:00 - 4:30	
グリーン	付箋紙	昼食			イブニング・ニュース
ブラウン					
レッド					
イエロー					
ピンク					

グリーンルーム
10:30 - 12:00

していくとよいでしょう。次に同じ要領で、横方向に**ブレークアウト・ルームの名前だけ**を付箋紙に記入します。そして、最後にまとめて日付を加えてください。

　皆さんの中には、私がなぜこのように細かい指示を書くのか、不思議に思う方もいるかもしれませんが、それはアルファベットを暗唱しているときに、お腹をこすって体にしみ込ませ、忘れないようにしようとするおまじないに似ていると思ってください。数人のまれな人たちだけがこれを簡単にできるのであって、ほとんどの人は、私も含めて混乱してしまうのです。もし、私の提案通り行わなかったら、やり直され、丸められた付箋紙でいっぱいになってしまうでしょう。

　最後は、色つきマーカーを使って列と行のすべての線を書き込んで、マトリクスのデザインを完成させることです。また、「昼食」

や「イブニング・ニュース」などを該当する個所に記入しておくとよいでしょう。そして、次の段階へ進む前の最も重要なこととして、すべてのフリップチャート用紙がテープでつなぎ合わされていることを確認してください。もし、くっついていないと、最後に表を貼ろうと持ち上げた時にばらばらになって、驚くことになります。

　すべてが完成したら、注意深くマトリクスを持ち上げて壁のちょうど中心の目の高さのところにそれをテープで貼ります。この時、もし可能であれば、誰かに手伝ってもらうとよいでしょう。また、必ずたくさんテープを使用して、マトリクスが落ちないようにしてください。

　さて、マトリクスが中心に貼られると、壁は2つに分かれます。もし、これが2日間または3日間のオープン・スペースであれば、スケジュールの張り紙を他に2枚作成してください。そして、1つには1日目（または月曜日など）と書き、2つ目は2日目（または火曜日）と書きます。また、もし使用するなら3日目のスケジュールを別の紙に書いて貼ったり、マトリクスの右端に書いたりするとよいでしょう。これらの2枚の張り紙は、椅子に乗って（気を付けてください）マトリクスの両側のできるだけ高いところに貼ってください。ここまでくれば、壁は活動に向けて準備完了です。そして次に説明するもう1組の張り紙によって、部屋全体の準備も完了します。

セッション・サマリーの作成

　あなたがパソコンを使ってセッション・サマリーを作成するつもりならば、パソコン・コーナーを部屋の一部につくらなくてはいけません。もちろん、これは私の提案通り、パソコンをメイン会場に置くということが可能な場合の話です。また、施設側が、パソコン2台につき8フィート（約240 cm）のテーブルを、使っていない

壁に沿って並べてくれたとします。その場合まず、「ニュースルーム」と書かれた大きな張り紙を作り、パソコンが配置される予定の場所の上にそれを貼りつけてください。そして、さらにもう１つ**ブレーキング・ニュース**と書いた張り紙を作成し、可能ならばパソコンの隣に貼ってください。

　これですべてです。あなたは準備ができましたね。と言いたいところですが、実はまだやるべきことがあります。会場準備はとてもシンプルですが、少し走り回ったり、（少なくとも初めてのときには）おそらく何らかの不安があったことでしょう。ですから、物事が本当に進行し始める前に、あなた自身の心を落ち着けることが重要です。私は正式な開始の前に、部屋を出てちょっと散歩できるように、少なくとも１時間半の余裕をもつようにしています。ここまでくれば、あれこれと心配しても意味がありません。すべてうまくいくのです。そして、４つの原理を思い出してください。４つの原理は参加者同様、あなた自身にも当てはまるのです。

第 **6** 章
開始：時間とスペースを創り出す

準備が終わり、人々が集まり、全員が輪になって座り、オープン・スペースがあり、その中央に色つきマーカーやマスキングテープ、A4サイズの紙のみが置かれていれば、それは開始の時です。

　オープン・スペースの最初の作業は、活発かつ協働的に創造性を発揮できる状況へと、できるかぎり迅速に人々を移行させるようにデザインされています。それは演説や長い解説、または謝辞のための時間ではありません。開始作業で起こることは、このオープン・スペースを軌道に乗せるために絶対的に必要な最小限のことなのです。また、私は何年にもわたり「より少ないことは、多くをなす（less is more）」という原則のもとにファシリテーターを務めた結果、オープニングは1時間から1時間半ぐらいに短縮することが可能であることがわかりました。参加者は、このオープニング・セレモニーが終わる頃には、自分たちが何をするのかを理解し、アジェンダ（たとえば、タスク・グループ＜ task group：実行グループ＞やディスカッション・グループ＜ discussion group ＞など）をつくり終えて、作業に取りかかっているでしょう。

　開始作業は次の6つのステップからなっています。

開始作業 6 つのステップ

1. 歓迎
2. 参加者を集中させる
3. テーマの宣言
4. プロセスの説明
5. コミュニティー掲示板の作成
6. ビレッジ・マーケットプレイスの開設

これから説明するやり方は、私がいつも使用するアプローチですが、唯一の正しい方法というものは存在しないことを覚えておいてください。私のやり方は私にはうまく機能しますが、それは私のスタイル、相性、人々との関係、そして私自身も気づかない多くの要因によるものなのです。そのため、あなた自身のアプローチは、あなたや参加者の特異性に合わせてデザインしていかなければなりません。そうは言ったものの、私は、私のしていることにある論理が存在し、またそのプロセスにおいて現れてくるステップにおいても、その形や形式には理由があると信じています。ですから、ぜひ1度か2度はこの本のやり方に従ってみてください。ただし、その際、あまり気負いすぎないことをお勧めします。また、覚えておいたほうがよい原則がいくつかありますので、できるかぎりそれらを解説するようにします。しかし細かい部分に関しては、「自分独自のやり方で進める」ようにしてください。

歓迎

あなたがOSTの主催者でないかぎり、正式な主催者がどんな人であろうと、その人自身に輪の中に入ってもらって、最初に発言をしてもらってください。特にあなたが外部のファシリテーターである場合は、集まった人たちが全員知っている人、あるいは名前を聞いたことがある人物にあいさつしてもらうことが重要です。会場のセッティングは一般的なものではありませんし、ある特定のグループがこのユニークな作業を進めるための安全なスペースを創造するには、彼らがある程度の親近感とオーナーシップを感じる必要があるのです。そのため、スタート時点で、親しみのある顔を見ることは、良いスタートとなります。

しかしながら、ここでのあいさつは簡潔にしてもらってください。

実際、二言、三言で十分です。この集まりの理由と目的は招待状が説明しているでしょうし、オープン・スペースをスタート・進行させるための重要な情報は、ファシリテーターが提供します。ですから、この場で推奨されるスピーチは次のようなものです。「皆さん、ようこそいらっしゃいました。私たちは、これから一緒に有益な時間を過ごすことでしょう。そして、この瞬間からそれは始まります。では、ハリソン氏を紹介したいと思います…」。短く、優しく、そして要点を突きます。もちろん、もし知らせておくべき重要な連絡事項があれば、それを伝えてもよいでしょう。いずれにしろ、簡潔にしてもらってください。

参加者を集中させる

　私は自分が紹介されるまで輪の外側に立つことにしています。これは恥ずかしさからそうするわけではなく、多くの場合において、参加者のほとんどは私が誰なのか見当もつかないため、私が必要になるまで、この空間を混乱させる理由がないからです。いったん紹介されると、私は輪に加わり、「オープン・スペースへようこそ」といった簡単なことをしゃべります。それからゆっくりと輪の内側を歩き始めます。このとき、歩くことで参加者が私を目で追い、輪の中に誰がいるのかを知るよう促します。ここでは、ゆっくりと慎重に動き、たとえ参加者が他の人々と面識がなくても、輪の中に誰が座っているのかを実際に見る時間を与えることが重要です。また、ゆっくりとした歩調は、全員が先へ急ぐ前にほっと一息入れる時間を与えてくれます。そのため、私が最初のスタート地点に戻ってくるまでには、大きな変化が起きます。多くの人にとって、冷たく近づきがたく見えたオープン・スペースが、グループ全体の希望と期待で満ちあふれるのです。そして、私の言葉以外は一言も聞こえなくな

ります。そうなれば、うまく進行されているということです。

テーマの宣言

　次のステップは、そのオープン・スペースの趣旨をはっきりさせることです。もしあなたが、このとき、輪の中央にいなければ、今が移動する良いタイミングです。なぜ私たちがここにいるのか、私たちは一体何をやろうとしているのかを輪の中央から説明することは、とても自然です。ここでは、人々は必要な詳細事項が書かれた招待状を受け取っているわけですから、長い歴史や詳細にわたる説明などは避けます。これは単純に目的地の確認作業なのです。飛行機はシカゴへ飛び立つのであり、もしある乗客が思っていた目的地と違うのならば、今が降りるよい機会なのです。

　もし、あなたが進行プロセスを忘れてしまったら、壁の張り紙で確認するとよいでしょう。そのため、張り紙をテーマから順番に貼っておくことを忘れないようにしてください。スペースを保つためには、単に壁にさっと目を通せばよいのです。誰もそれに気がつかないでしょう。

　テーマや趣旨、目標の解説は、水が流れるように行ってください。文語的または命令的な表現よりも、感動的で触発的な表現がよいでしょう。ここで「ミッション・ステートメント」や「ゴール・ステートメント」などは引っ張り出さないでください。それは1年前に全員が懸命に取り組んだことであり、参加した人々の眠気を誘うだけです。むしろこの場は、人々をインスパイアする（inspire）時なのです。**オープン・スペース・テクノロジーは責任と共に存在する情熱の上に成立するのです。**もし情熱がわきあがってこないのであれ

ば、何も起こらないでしょうし、責任は絶対に生まれてこないでしょう。

またこの段階は、オープン・スペース・イベントの最終成果物や、その成果物の形態、それによって何が行われるかを説明する良いタイミングでもあります。もし、一般的な課題を報告することを求めるのであれば、そう伝えてください。また、もしもっと明確な要求があるのならば、その要求はこの段階で明らかにされるべきです。たとえば、もしコロラド州デンバーの15億ドルのオープン・スペースのケース（第1章を参照）のように、報告書を書き上げることを要求しているのであれば、次のようなことを言っても差し支えないでしょう。

> ここで一緒に時間を過ごした後には、レポートが1つ仕上がっているでしょう。私はここに表紙と裏表紙を持っています。見ておわかりのように、間には何もありません。この中身は、私たち全員が仕事に取りかかるまで埋まることはありません。ニュースルームには、その作業を行うために、たいへん使いやすいパソコンが何台か用意されています。私は、私たちの底力が発揮されることを確信しています。そして、私たちがここを立ち去るまでには、それぞれがレポートのコピーを手にしていることも保証できます。どのようにしてこれを実現するかはこれからお話しますが、とりあえず、それが達成されることだけは確かです。

これらの台詞の意図は、ポジティブな予想（「それが達成される」）を設定することにあるため、陽気で楽観的な調子で言うことを忘れないでください。それは、何かをするよう人々に命令するものとは、まったく異なります。また私は、それが当てはまる時はいつでも「あなた」ではなくて「私たち」という言葉を使用するようにしていま

す。誰かに何かをしろというのはファシリテーターの仕事ではありません。ファシリテーターの仕事は、「私たちすべて」がこの取り組みに真剣に参加しており、また一体となることが大切な成功要因となることを「私たちすべて」が理解する手助けをすることなのです。ところで、もしここで紹介したような台詞や、こうした言葉を口にすることに抵抗がある場合は、心配しないでください。その際は、あなたにもっと適していて、同じ効果がある別の言葉を見つければよいのです。

　この段階を経ると、参加者はどこに向かうのかを知り、そこへ到達することを楽しみにしているはずです。しかし、この作業に必要以上の時間をかけないようにしてください。もし参加者が集まった時点で、すでに活気に満ちていたら、上述したことは全部飛ばして、次のような感じで進めてください。**「私たちは全員、私たちがなぜここにいるのかを知っています。ですから、次に進みましょう」**と。

プロセスの説明

　この時点までくると、参加者は生き生きし、次に起こることにかなり好奇心をもっているはずです。また、もしあなたの招待状が先に推奨していたようにあまり多くを語らないものであれば、参加者は最小限の情報しかもっておらず、一部の参加者は、一体全体どうしてこんな奇妙なミーティングに出席するようになったのか不思議に思っているかもしれません。つまり、参加者はかなりそわそわしながら、不安になっているかもしれません。しかし、それらすべてが良いものとなります。落ち着きのなさと不安は方向転換され、統合され、起爆力となるのです。もちろん、落ち着きのなさや不安が度を過ぎていく可能性にも、注意深く対処しなければなりません。そこで、ここではその失敗の危険性を低める、ある手段を紹介します。

しかし、注意してください。私はこうした状態が**コントロールできない状態**なのだとはいっていません。なぜなら、あなたが物事をコントロールできる、特に自分のコントロール下に置けると思っていたら、それは間違いだからです。そのようなことは絶対に起こりませんし、もし、あなたがコントロールすることに成功するとしたら、企画全体が急ブレーキをかけられたように停止することでしょう。

私は、いつもできるかぎりカジュアルにこのステップを始めるようにしており、たいていオープン・スペース・テクノロジーの歴史のようなものを簡単に説明します。

> 皆さんの中には、ここから目的地までどうやってたどり着くのかを不思議に思っていらっしゃる方がいるのではないかと思います…それはオープン・スペース・テクノロジーと呼ばれるものです。OSTは1985年に始まり、時代と共に開発されてきました。それはアメリカ、ヨーロッパ、インド、南アメリカ、そしてアフリカにおいて5人から500人※のグループで使用されてきています。そして、飛び抜けて良い結果を生み出しています。たとえば、225人もの人々が1時間以内に53のワークショップを自己組織し、2日間の期間中それを自己管理し、開会後48時間以内に150ページのレポートを手にして会場をあとにすることをあなたは想像できますか？しかし、それは実際に起こったことなのです。そして、それはこの場でも起こるのです。

私は、OSTのアプローチについて完全な説明をするつもりはありません。また、OSTがどのようにしてうまくいくかということを、これまでの経験を基に証明するつもりもありません。ここでの目的は、こうしたことが以前に本当に起こったということをただ伝え、そこで得られるポジティブな成功経験を自分たちもするのだという

※オープン・スペースは2006年現在までで、著者の知るかぎりでは5人～2000人規模で実施されているが、その可能性は無限といえる。また、オープン・スペースは、世界各国で、様々な人々によって行われているため、これまでに実施された規模の正確な情報を知ることはできない。

期待感を、参加者にもってもらうことなのです。

　しかしながら、これらの言葉を発することは、同時にそれ以外のことも引き起こします。過去の参加者の人数や業績を読みあげ、そのような状況を想像できるかどうかを参加者に尋ねることで、意図的にオープン・スペースが成功する確実性を限界点にまで引き上げるのです。実際、以前にオープン・スペースに参加したことがないかぎり、参加者は、説明されたことを想像するのは困難、もしくは不可能だと考えます。また社会通念も、そのようなことは何もするな（不可能だ）としています。そして、ほとんどの人々はこの社会通念によって制限されてしまうのです。もし誰かが、まさにこの瞬間に、参加者に対して、「この企画はどの程度の成功が期待できるか」という質問を尋ねたとしたら、その意見の大半は「皆無！」ということになるでしょう。

　あなたはここで、それを成し遂げるのは明らかに不可能であるとする社会通念や現実的な思い込みに対して、疑問を投げかけてもよいでしょう。ここで、これを行う理由は2つあります。1つは、参加者が自分たちの不安を認知することによって、自分の中でそれを消化し、これから先に利用できるエネルギー源とすることができるからです。もちろん、私は参加者に不安になり過ぎたり、凍りついたりしてもらいたくはありませんので、これは、進行の中でバランスを取りながら対処していきます。2つ目は、主な理由ですが、ミーティ

> ミーティングの最初の1時間で参加者が不可能なことをやり遂げると、彼らはこの後、止まらなくなるほど多くのことを成し遂げていきます。これは、エンパワーメントと呼ばれます

ングの最初の1時間で参加者が不可能なことをやり遂げると、彼らはこの後、止まらなくなるほど多くのことを成し遂げていくからです。これはエンパワーメントと呼ばれます。

いったんアドレナリンが放出すれば、後はコンテンツをオープン・スペース・テクノロジーの箱に入れるのみです。ここでのアプローチはかなり単純です。

　あなた方は、これらのことをどうやって行うのか不思議に思っていることでしょう。実際、それはとても簡単です。この後皆さんに、今回のテーマに関連したことで、本当に情熱をもって、そのためなら責任を負ってもよいと思う課題や機会をあげてもらいます。これは義務ではありません。ですから、良いアイデアであっても、他の誰かがやってくれるかもしれないものや、他の誰かが関心をもってくれるかもしれないものなどは考えないでください。それが達成されることを確実にするために、あなた個人が責任を負ってもよいと思うほど、本当にあなたをひき付けるような力強いアイデアを考えてください。

　もし、何もあなたが思いつかないのであれば、それでも結構ですし、複数の課題や機会をあげていただいても結構です。もし、自分の課題や機会を思いついたら、輪の真ん中に出てきて、紙とマーカーを1本取ってください。また、もしあなたが複数の議題を思いついているのなら、紙を何枚か取ってください。そして、そこに短い議題を書き、サインしてください。それから全員の前に立って「私の議題は○○で、私の名前は○○です」と発表してください。また自分のテーマを発表したら、その紙を何もない壁にテープで貼ってください。

ここでは、テーマと名前を発表するために輪の中央に歩いていく

ことを通して、情熱と責任という2つのパワーが現れることに特に注目してください。もし輪が大きくて、集まった参加者が顔見知りでない場合は、中央へ進み出ることは非常に難しいものとなり、軽々しく足を踏み入れることはできません。そのため、中央まで行って、全員の前で「私の議題は○○で、私の名前は○○です」と発言するとき、コミットメントが生まれるのです。

輪の中央まで進み出ることの困難さが、一部の参加者を尻込みさせ、せっかくの良いアイデアが現れないのではないかと心配する人もいるかもしれません。それは、その通りです。しかし私の経験からすれば、情熱によってサポートされない良いアイデアは（当然）消えてしまうのです。良いアイデアは、あらゆるところに満ちあふれています。しかし情熱的なコミットメントを抜きにしては、その価値はほとんどなく、達成されることもないのです。そればかりか、自己管理が成功の最低条件であるとするオープン・スペースにおいて、情熱の伴わない良いアイデアとは無用なばかりか、失敗につながる危険性をもつものなのです。それらは貴重なスペースを消費し、さらに誰か（たいてい名前をもたないすばらしい**誰か**）が責任を取ると提案します。しかし、その**誰か**とは存在せず、私、あなた、あるいは私たちが物事を進めないかぎり、何も達成されることはないのです。

この段階になると、あなたは、参加者の目がコミュニティー掲示板（Community Bulletin Board）として用意されている大きな何もない壁に集中していることに気がつくでしょう。たいていこの頃に、参加者は何らかの不安を感じ、それを表明したりします。ほとんどの人は、1つの部屋の中で自分の同僚や仕事仲間、あるいはまったく見知らぬ人と一緒に座り、翌日もしくは（もし神が許すのであれば）3日間のアジェンダが、これから貼り出されるであろう白い壁を見つめ、神経質になっていることでしょう。これからこの人たち

は何をするのだろう？どうしてこの人たちは、そんな責務を負う状態へ自らを陥れるのだろう？そんな参加者の思いを察して、私は次のように話します。

　　ちょっとした好奇心でお尋ねしますが、皆さんの中で、白い壁がアジェンダとなる1日（もしくは2日間、または3日間）のミーティングに出席したことがある方は何人ぐらいいらっしゃいますか？皆さんの多くは、どうしてこんなことに参加しているのだろうと疑問に思われたり、どうやってここから抜け出そうかと考えていらっしゃったりするのではないかと思います。でも、私は皆さんに約束します。もしこの瞬間に皆さんがあの壁を見て「残りの時間いったい何をすればいいのだ？」と心配しているのでしたら、1時間以内には同じ壁を見て、「このすべてをどうやってすればよいのだ？」と心配になることを約束します。

　次に、プロセスの説明に戻ります。ディスカッションの責任を負うということは、提案者がその事柄に関して専門家であったり、正式なプレゼンテーションを行ったりする必要がないことを、伝えてください。提案者がその特定の主題についてあまり知識がなかったり、知識のない人と共に知識を増やしたりすることは、あり得ることです。責任を負うということは、提案者が時間と場所を指定し、セッションを招集するということなのです。セッション・サマリーを作成する場合は、セッションの議長はさらに、ディスカッションの結果をコンピュータに打ち込むという責務をもちますが、もし、その人がパソコンが苦手な場合は、その仕事を任せられる人を見つければよいのです。

　時間と場所を指定することは、たとえば、「スイミングプールに3：00」などと表示すればよいだけで、簡単なことです。時間はコンファ

レンス中であればいつでもかまいませんし、場所は人々が快適に感じる所であればどこでもかまいません。快適な場所とは、人によっては施設の公共エリアであり、またある人にとっては施設の外かもしれません。以前、海辺のコンファレンス・センターで OST を開催した時には、あるグループは湾の中に停泊している船に集合することを決めました。

　四方を壁に囲まれた場所で、一般的なミーティング会場のセッティングに安心感を覚え、それを好む人は、おそらくブレーク・ルームを選択するでしょう。スイミングプールや他の公共スペースが拡張可能な場所であるのに比べ、ブレーク・ルームはそうはいきません。しかし、人々をミーティング・スペースに割り当てるのは、前述したスペース・タイム・マトリクス（Space/Time Matrix：時間と場所を表にしたもの）によって簡単に対処できます。この時点では、このマトリクスは壁の中央に貼られているはずです。マトリクスを使用するためには、参加者が（議題を発表した後に）議題を壁に貼りに行く前に、マトリクスの前に行くように促します。そして、

スペース・タイム・マトリクスから付箋紙を選択してもらい、それを議題ペーパーに貼り付けてもらいます。この作業は、2つのことを明確にします。まず1つ目は、いつどこでそのセッションが行われるかを明らかにします。そして同時に、後から議題を発表したセッション・リーダー(議長)が、マトリクス上の付箋紙がなくなっていることによって、その部屋がある時間帯に予約済みであることがわかります。

ところで、皆さんの中には1時間半のランチタイムを長過ぎると感じた方もいるかもしれません。しかし、ランチタイムは会話を進める時間であり、その時間にミーティングをしてはいけないということではありません。また、それだけの時間があれば、シエスタ(昼寝)を取ることもできます。シエスタは、落ち込んだエネルギーを1日の真ん中で回復させるすばらしい手段です。南ヨーロッパかラテン・アメリカの参加者がいれば、その心配りが大いに感謝されるでしょう。ペースの速い北米の仲間が、タレントのケリー・スノー（Carrie Snow）の言う「昼寝で改善できないほど悪い日はない」という言葉を忘れやすいことを彼らは、知っているのです。

掲げられた議題はどれも拒否されないことを参加者に保証し、全員に好きなだけ発表してもらうように奨励してください。しかし、その日の終わりになって、ある参加者が「誰も私の議題に目を留めてくれなかった」となった時、その責任は提案者自身にあるということを明確にしておくとよいでしょう。

さて、掲示板の作り方についてはある程度詳細に説明をしたので、そろそろビレッジ・マーケットプレイス（Village Marketplace）の説明をしたいと思います。しかし、それはあまりに直感的なものなので、ここで説明することは多くありません。必要なことは、参加者が関心をもつセッションにできるだけ多く参加を申し込むことです。私はここで、参加者が実際に出席できる以上のセッションに申

し込むことを強くお勧めします。それはセッションがしばしばキャンセルされたり、統合されたりするためです。また、早目に席を立ったり、遅れて出席したりすることで、1つの時間帯で複数のセッションに出席することが常に可能です。こうしたやり方を実践する人もいます。私はその人をバンブルビー（bumblebees：ブンブン飛ぶ蜂）と呼んでいます（112ページの「主体的移動の法則」を参照）。

質問は？

この時点までに、あなたはオープン・スペース・テクノロジーの基本的メカニズムを参加者に説明し終わっています。それに対して、いくつか質問が出てくるかもしれません。しかし、ここでは何の質問も受け付けずに進み続けることをお勧めします。

OSTのメカニズムはたいへん直感的なので、ファシリテーターの言語が参加者の母国語と異なる時さえ、プロセスを理解するのに、問題が起こったことはありません。さらに、一度アクションがスター

> 昼寝で改善できないほど悪い日はない
> （ケリー・スノー）

トすれば、理解している人々の行動を見ることで、どんな混乱も簡単に解決されます。ですから、質疑応答はまったく必要ないのです。質問を受け付けることは礼儀正しいことかもしれませんが、それは物事を減速させるだけです。ここでは進み続けることが重要なのです。

それに加え多くの場合、質問は不安を隠したり、それを克服するために行われるため、最悪の場合、このプロセスが本当に機能するかといったことや、過去の経験などに関する長々としたディスカッション、または討論会へと脱線してしまいます。私が今まで一緒に取り組んできたすべての参加者は、最初、このプロセスが彼らのグループには機能しないと思いこんでいました。そのため、成功がすぐ目の前にあることを論理的に納得させることはできませんでした。このプロセスが有効であることを証明するのは参加者の実際のパフォーマンスだけなのです。ですから、そこへたどり着く唯一の道は、進み続けることなのです。

しかし、参加者がOSTの活動に取り組む前に、4つの原理と1つの法則を知っておく必要があります。それが次の章の主題です。

第 7 章
4つの原理と1つの法則

先に述べた通り、オープン・スペースには4つの原理と1つの法則が存在します。それらはオープン・スペースを行ううえでは重要ですが、あまり深刻に受け止めないようにしてください。

4つの原理　＜ The Four Principles ＞

- ここにやって来た人は誰でも適任者である
  Whoever comes is the right people.
- 何が起ころうと、起こるべきことが起きる
  Whatever happens is the only thing that could have.
- それがいつ始まろうと、始まった時が適切な時である
  Whenever it starts is the right time.
- それが終わった時が、本当に終わりなのである
  When it's over, it's over.

1つの法則　＜ The One Law ＞

主体的移動の法則　The Law of Two Feet

　これらの原理は、オープン・スペースにおいて、どのように物事が進められるのかを述べた簡潔な説明です。これは、人によっては直感的に相入れないように見え、また他の人にとっては完全に間違っているようにさえ見えます。それによって、私の意見が変わることはありませんが、こうした受け止め方があるということはこの原理を参加者に紹介する方法に大きな影響があります。私はできるかぎり自然な形で、陳腐にならないように、「これらの原理を覚えておくと、後で助けになるかもしれない」というように、さらっと提示

します。

1番目の原理「**ここにやって来た人は誰でも適任者である**」は、何人集まったのかということや、地位や立場という意味で誰が来るかは問題ではなく、むしろ相互作用や、会話の質が違いをつくるのだということを参加者、特にセッションの議長（convener）に認識させます。良い会話をするためには、あなたの情熱を共有する人間がもう1人必要なだけなのです。

この1番目の原理を話す時は、セッションに誰も来ない可能性があることを説明する良い機会となるでしょう。あまり頻繁には起こりませんが、誰も現れなかった場合、セッションを主催した人にとって、それは苦痛になります。しかし、次の発言、あるいは、そのバリエーションがその人の問題を解消してくれるでしょう。

> さて、もしあなたのセッションに誰も来ない場合、何が起こるでしょう？あなたはそこに座って傷つき、怒りを感じるかもしれません。あるいは、次のような見方をするかもしれません。まず、それは単にそれほど良いアイデアではなかった可能性があります。または、とても良いアイデアであっても、タイミングが悪かったのかもしれません。いずれにせよ、それは有益な情報を表しています。しかしながら、そこには、もう1つの可能性が存在します。それは適切なタイミングのすばらしいアイデアであり、それを対処できる人間はあなただけだという可能性です。
>
> セッションが2人以上で構成されている「グループ」でなければならないということは、ルールブックには書いてありません。またこの時間は、1人で情熱をもって重要なアイデアに取り組むために自由な時間を十分にもつよい機会となります。

2番目の原理「**何が起ころうと、起こるべきことが起こる**」は、

真の学習と真の前進とは、私たち全員が当初のアジェンダや社会通念に縛られた予想を超えた時にだけ起こるということを思い起こさせるものです。もしすべてのことが、予期している通りになるとしたら、人生はたいへん退屈なものになり、役立つような学習はまったく起きなくなるでしょう。私たちは、大なり小なり驚きの瞬間に成長するのです。ですから、そのような瞬間を大切にし、何が起ころうと、起こるべきことが起こったということに気づくことが重要なのです。

　3番目の原理は、欧米のマネジャーを翻弄させますが、真実に変わりありません。また欧米以外の世界の人々は、それを理解しています。それは「**それがいつ始まろうと、始まった時が適切な時である**」というものです。この原理の本当の意味は、創造性とスピリット（Spirit）の重要な本質を受け入れることにあります。創造性やスピリットはどちらも非常に重要なものであり、かつ、どちらも時間に関係なく起こるものです。創造性とスピリットは、それぞれ独自の時間の中で現れたり現れなかったりするため、当然それが現れたときが、適切な時間ということになるのです。単に午後3時にミーティングが設定されているからといって、その瞬間に何か役立つものができあがるという保証はないということを、すべての人々が認識すべきでしょう。それが始まった時が適切な時間なのです。

　最後の原理「**それが終わった時は、本当に終わりなのである**」は、時間を節約し、いらだちを防ぐすばらしい方法です。たとえば、午後2時に始まり、2時間の予定で午後4時に終了するミーティングを設定したとしましょう。そして、その場になってみると、すべての有益な事柄が最初の20分間に済んでしまったとします。常識的には、そこを出て、他のことを進めることが推奨されるでしょう。しかし、私たちの体の中には奇妙なメカニズムが存在し、事前に決められた型に自らを縛りつけます。もし私たちがある部屋の中へ入っ

ていき、議論する場として適切でない形で椅子が並べられていたとしても、たいていはその椅子を並べ変えようとは思いません。これは時間に関しても同じことがいえます。もしそのミーティングが2時間予定されていたら、私たちは割り当てられた時間まで、ミーティングを引き延ばそうとするでしょう。こうしたメカニズムが働くために、私たちはできるはずの多くのことができなくなってしまうのです。また、それがさらに悪くなると、すでに結論が出されたことを、何も決まっていなかった初期の段階にまで逆戻りさせてしまうこともしばしば起こります。そして大きな議論になり、私たちがスタートした時点と同じ何も達成しない状態でミーティングを終わらせることになります。これらすべてが、再び別のミーティングを開く状況と必要性を創り出すのです。それよりも、「終わった時が終わったのだ」と言ったほうがはるかに容易ではないでしょうか？そして、次に進むのです。

　4番目の原理には、それに付随して、もう1つ明らかな原理が存在します。それは「**それが終わってない時は、終わっていないのである**」というものです。時間（とスペース）は自分たちのもので、選択したことを実行するためにあるということを人々は理解する必要があります。もし、彼らが自分たちのディスカッションに結論を出したのであれば、別のことへと進むのは結構なことです。しかし、もしまだ議論が終わっていないのであれば、誰も他のことに進めとはいいません。物事が本当に良くなりつつあるときには、特にそうです。もちろん、次にミーティング・スペースを使用する人たちのことも考えなくてはなりませんが、それは場所を移動したり、自分たちが問題なく集まれる時間をあらためて設定することで解消できるでしょう。

1つの法則

　1つの法則とは、「主体的移動の法則（The Law of Two Feet）」です。これは、**オープン・スペースを行う中で、もし自分が学習も貢献もしていない状況にいると気がついた人は、自分の意思で、より生産的になれる場所へ行かなければならない**というものです。この法則はぶっきらぼうに思えますが、それには4つのたいへん役立つ効果があります。

　1つ目は、他人の感情や要望にかまわず、「自分たちだけが真実を知っており、それを告げる使命を授かっている」と確信している利己主義者にとっては、死の判決となります。というのも、参加者の半分が主体的移動の法則を適用し、その場を去ると、利己主義者は、はっとさせるような新しいメッセージを受け取ることになるからです。しかし実際は、参加者全員がその場を去るという選択肢をもっていることを知らせるだけでも、利己主義者をおとなしくさせ

ておくには十分な効果を発揮します。

　この法則の２つ目の大きな効果は、各自の学習と貢献の質に対する責任を（他人のせいにすることなく）直接その本人にもたせることです。結果として、たいへん小さな子供や、何か欠落した人でないかぎりは、そのような責任を他人に押しつけることはありません。私たちは、頻繁に自分の時間を無駄にし、怒りが込み上げてくる中でも、行儀良く座り続けます。しかし、失った時間は取り戻せません。そして怒りは、その場をネガティブなエネルギーで汚染してしまいます。それに比べ、自分なりの道を進み続け、何か有益なことをするほうがどんなに良いでしょうか。主体的移動の法則は、自分たちの責任を直接自分たちの肩の上に置くことで、有益な時間を過ごすことを可能にしてくれるのです。私たちが惨めで非生産的な状況の中でじっとしていることを選んだとしたら、それは自分自身の選択なのです。

バンブルビーとバタフライ

　エゴを抑え、責任を明確にすること以外に、主体的移動の法則はオープン・スペースの世界に２つの貢献をしています。それはバンブルビー（Bumblebee：ブンブン飛ぶ蜂）とバタフライ（Butterflies：蝶）です。

　バンブルビーとは、この法則による自由を真摯に受け止め、自分の両足を使い、ミーティングからミーティングへと常に飛び回っている人たちのことです。このような動きに、自分がコンファレンス・マネジャーやその場の責任者だと思い込んでいる人々は苛立ちますが、バンブルビーは直接大きな貢献を生み出します。自然界における蜂と同じように、彼らは花粉を授粉し、さらに異種交配し、ディスカッションに深みと変化を与えるのです。

バタフライは、バンブルビーとかなり異なるものです。バタフライとなった人々は、多くの場合、どのミーティングにも参加しません。彼らはプールや中庭のバーで座っているのを見かけます。一見、彼らが何に貢献しているのかは少しわかりにくく、実際になぜ彼らがわざわざやって来たのか不思議に思える人もいるかもしれません。確かに、バタフライはほとんど何もしませんが、そこに彼らの貢献があるのです。彼らはノン・アクション（nonaction：非活動）を生み出し、沈黙を楽しみ、それまで出てこなかった新しい話題を提供するのです。あなたがしばらくバタフライを眺めていると、頻繁に誰かが立ち寄っていくのに気がつくでしょう。そこでは会話が始まることもあるし、そうでないこともありますが、会話が起こった時には、それはほとんどの場合、必ず意義深いものになります。なぜそうなるのか、それは定かではありませんが、誰も意味深長なことが起こるのを予期していなかったからこそ、そうなるのかもしれません。

最後の注意点

　全員が作業に取りかかる前に、最後の注意点として、「**えっ？という感覚を大切にしてください（Be Prepared to Be Surprised）**」というものがあります。多くの組織や人々は、皆が驚かないようにするために多大な時間を費やします。この努力が成功すると、それは疑いもなく快適な体験となりますが、それには代償が伴います。物

事はかなり退屈になり、創造性が発揮されにくくなるのです。オープン・スペースは退屈になるためにあるのではありません。イノベーションこそが重要です。それゆえに驚きがこの取り組みの真髄なのです。

そこで私は参加者に、次のように話します。

> もし、私たちが一緒に時間を過ごした後に、何の成果も生み出していないことに気がついたとすると、あなたは自分の時間を無駄にしたということになります。オープン・スペースにおいては、自分がもっていた貴重なアジェンダを捨ててしまうことはよくある経験です。この経験は苦痛であるかもしれませんが、無益なことではありません。なぜなら、古いアジェンダが消え去ると、新しいアジェンダが出現するかもしれないからです。ですから、自分に対して親切をするつもりで、今すぐその古いアジェンダを捨ててください。あるいは、少なくともその準備をしておいてください。そして、えっ？という感覚を大切にしてください！

作業に取りかかるとき

オープン・スペースのプロセスを説明する過程でこの時点までくると、人々は少し落ち着きがなくなり、そしてすぐに動き出すことになります。「より少ないことは、多くをなす（less is more）」という原則の通り、私は常にできるかぎり少ない時間で説明をすませるようにしています。15分が適当のようであり、30分は完全に長いほうに入ります。理論的には適切な時間などはありません。人々が効果的に機能するためには、最小限の情報が必要です。しかし、多くの場合、人々はルールをすでに知っています。しょせん、コミュニティー掲示板（Community Bulletin Board）やビレッジ・マーケッ

トプレイス（Village Marketplace：村の市場）の働きに関して、説明の必要がどれだけあるというのでしょう？

　この時間（説明する時間）の重要な役割は、情報やテクニックを伝達することよりも、参加者が取り組むための安全な時間とスペースを創造することにあります。つまり、人々が自分たちの環境の中で安心感をもつために十分な時間を取ることなのです。しかし、過度な安心感はもたせないようにしてください。ある程度の不安と冒険の感覚は、オープン・スペースにおいて、欠かすことのできないものです。劇場では、これは、観衆をウォーム・アップさせるとか、「準備できるまで即興で演奏する（vamping until ready）」という言い方をしています。これらは具体的な数字の問題ではなく、感覚の問題ですが、少し練習することも役立つかもしれません。

第 8 章
取りかかりのとき

いよいよ作業に取りかかるときが来ました。この後の動きと変化については、次のような言葉で紹介するとよいでしょう。

オープン・スペースは水泳に似ています。本を読み、声がかれるまでそれについて話すこともできますが、実際に作業するには、ともかく水に入らなければなりません。ですから、まず飛び込みましょう。希望者は誰でも、テーマに関連した課題で、本当に情熱をもてるものを書いてくださって結構です。短い議題を考えて、輪の中心に来てください。そして、紙を取り、議題を記入し、名前を書き、あなたの提案について「私の議題は○○です。私の名前は○○です」といったふうに、全体に発表してください。そして、あなたのセッションを開催する時間と場所を決め、それを壁に貼ってください。また、貼る前に、付箋紙を取り、時間と場所を予約してください。

おそらく皆さんは、参加者がどれほどこの言葉にすばやく反応するか想像できないでしょう。それはいつも問題なく進みます。参加者の中には、あらかじめ決まったアジェンダがないことに驚き、一瞬戸惑う人もいます。また、あまりにも早く飛び込むのは、場違いではないかと心配する人もいます。そのため、この時、本当に見えているものだけがアジェンダであり、自分たちで創るまで何もないということを特に明確にしておくことをお勧めします。ときどき、私はこう言います、「代わりとなる別のプランは何もありません。そして、価値のあるもののためなら、何か動きがあるまで、１日中立って待つ準備は十分にできています」。

通常この体験は、暴走する牛の群れの前に立ちはだかっているような感じがします。なぜ人々がそのようにどっとやって来るのか正確にはわかりませんが、誰も参加せず静かなことよりは、ここでは小さな乱闘が起こり得る可能性のほうが高いのです。人々がすばや

く、積極的な反応をする理由としては、すべての人々が少なからず貢献し、認めてもらいたいという気持ちがあるからだと思います。また彼らは、まれにしかそういった機会をもつことができないため、ついにその機会がやってきた時、飛びつくのです。私は、この地球の隅々でオープン・スペースを実施してきましたが、1度として人々が反応しなかったことはありません。もちろん、初めての事態として、いつかは人々が反応しないということが起こり得ることは知っていますが、私はあまりそれが起こることを予期していません。

コミュニティー掲示板を作成する

　小さな混乱は興奮を高めますが、周囲の騒ぎを低いどよめき程度にしておくことが重要です。というのも、議題や名前が読みあげられている時に、人々がこれを聞き取ることができなければなりません。

　ここでは、いくつか重要なことが起こっています。まず、人々は議題を聞きながら、自律的に編集を行います。参加者は、自分たちの議題がすでにあげられているのを聞くと、それを再び提示する必要はないと感じるのです。この編集プロセスが、無限の数の議題が貼り付けられない理由の1つなのです。概して、議題の数は人々の数と直接関係します。25から50人では約30個の議題が提示され、100から200人では約75個の議題が出てきます。また、300人以上になっても議題の数が大きく増加することはありません。私が経験した最大の数は500人による146個です。

　またここでは、人々が議題をあげた人たちの名前が聞き取れることや、名前が紙に記入されることが重要です。なぜなら、誰がどの議題をあげたのかがわかるからです。そして、同じくらい重要な理由として、コミットメントがあります。議題を発表し、名前を言う

ほうが、匿名で行うよりも、最後までやり通す可能性がはるかに大きくなるのです。公的な記録に残ることは、コミットメントを確実にするために非常に重要です。

　人々が自分たちの議題を書いた紙を壁に貼り付けに行く際、少しの作業を手助けする必要があるかもしれません。張り紙は、スケジュールの順番通りになるような位置に貼らなければなりません。1日のオープン・スペースの場合には、午前中に行われるセッションはすべて左側に貼られ、正午に行われるものは中央に貼られ、午後に行われるものは右側に貼られます。数日にわたるオープン・スペースの場合、そこにある仕切り（柱、ドア等）を利用するか、テープで境界線を作って、それぞれの日を分けて示すとよいでしょう。

　貼り付け作業にあたっては、アジェンダを作成する責任は参加者のみにあるため、彼らが壁に貼り付けないかぎり、何もそこには現れないのだということを強調します。もし、自分の気に入った議題が見つからない場合は、その本人が責任を負うべきなのです。

　アジェンダの提示の終了が近くなるに従い、何かの理由でため

らっていて、取り残される人が絶対にいないように特に気を配ってください。よくあることですが、あなたが全員議題を出し切ったと確信する間際に、誰かが輪の中から中央にやって来ます。たとえ、それが他の人を少しの間待たせることになったとしても、全員が機会を得ることが極めて重要です。何しろ、全員の前で議題を宣言した人は、オープン・スペースのプロセス自体にコミットする人であり、そこから支援や賛同が生まれてくるからです。

　壁に貼り付けられた議題が増えていくにつれて、人々の関心も高まります。そして、自分たちが創ったものなので、壁の前に集まって何が貼られるのかを見たくなるのはごく自然なことです。これを止めさせるのは不可能であり、実際、壁の前のちょっとしたざわめきは、オープン・スペースに活気を与えます。しかしながら、人だかりが大きくなり始めると、事態は難しくなってきます。さらに、参加者の中には、セッションへの申し込みを始め、類似した分野を1つにまとめるよう提案し始める人もいるかもしれません。しかしここでは、他の人たちに壁が見えるように着席することを勧め、セッションへの申し込みは、すべての議題が出尽くすまで待つよう提案します。この時、私はおいしいバイキング料理を食べに行って、最初の1皿目でお腹をいっぱいにしてしまう例を出します。それはおいしいかもしれませんが、いろいろな物を食べ損なっているでしょう。そして、もっと最悪なのは、食べ損なったことにずっと気がつかないでいることです。ですから、ここは忍耐が大切だと伝えるのです。

　楽しいことも、最終的には必ず終わりがきます。そして、ビレッジ・マーケットプレイスに進むときが来ました。この時点で、興奮のレベルはその場の騒がしさに伴って著しく上昇しています。あなたがそれに対して何もすることはありませんし、何かをしようと試みることはしないでください。あなたにできることは、彼らを解放

し、邪魔にならないようにするだけです。

ビレッジ・マーケットプレイスを開く

　ビレッジ・マーケットプレイス（Village Marketplace）が開かれたとき、すべての人が席を立って壁際に行き、好きなだけセッションに申し込み、議題やアイデアの交換を行うよう勧められます。多くの場合、このプロセスは新たな変革を始めるというよりは、すでに進行している変革を承認するようなものです。この時、人々は完全に動く用意ができています。そして彼らは、あなたが道をあけることを望んでいます。しかしながら、次に進める前に、最後に理解してもらわなければならない考えがいくつかあります。しかし、あまり時間がないので、この説明に長い時間をかけないでください。

コンフリクト

　まず、コンフリクト（葛藤）という問題があります。これは、ある人が同じ時間に予定されている2つのセッションに行きたいと思っている場合に起こります。ルールは簡単です。コンフリクトの問題を抱えている本人が、2人の議長（convener）を見つけ、セッションを1つにまとめるか、時間を前後させるように説得することです。それらのオプションのどちらもうまくいかないときは、選択をしなければなりません。

セッションを1つにまとめる

　ほとんどの場合、自律的な議題の編集プロセスは完璧には機能しません。大筋で同じようなことに焦点を当てているセッションが複数残ります。すると、これらのセッションをまとめたいという誘惑がわいてきます。もちろん、人々が自分たちのしたいようにすればよ

いのですが、私は常に次のように話します。1つのセッションにまとめてしまい、20人が集まって、全員が話すチャンスが少ないということで不満をもつよりも、同じ主題を分けることで2つのセッションに10人が集まり、全員がすばらしい話し合いができるほうがよいでしょう。

安全のために

最後の項目は安全性に関することです。大人数が壁に向かって移動するのです。その途中にある物は、何もかも踏みつぶされてしまいます。大惨事やけがを防ぐために、コミュニティー掲示板がある壁の前に座っている人たち全員に、椅子や持ち物を片付け、道をあけてもらうようお願いしてください。そして、ほぼ全員が安全な場所にたどり着いたところで、次のようなことを言います。「皆さん、ビレッジ・マーケットプレイスは開かれました。楽しんでください」と。そして私は「セッションのグループが決まったら、すぐに作業に取り組んでください。皆さんが責任者であることを忘れないでくださいね」と言って、立ち去ります。

初期の頃は、私は次のような前置きをして立ち去っていました。「私は今からいなくなりますが、もし必要であれば、ホールのところにいます」。しかし、そのような言葉はまったく不要であるということを、その後学びました。参加者が私を必要とすることはありませんし、私がどこにいようと彼らは気にしていないのです。私がいなくなったことに気がつくのは、私だけの場合もあります。

参加者はオープン・スペースを真剣に受け止めています。ですから、もしあなたがそれを創り出す手助けさえしてあげれば、後は彼らは自分たちでそれを行います。ですから、あなたは、邪魔にならないように立ち去る以外は何もすることはありません。しかしそれは、すっかり消え去ることを意味しているのではありません。次の

章でも説明しますが、まだやるべきことが残っているのです。しかし、ファシリテーターとしての表向きの役割は、ここで終わります。

第 **9** 章
スペースと時間を保持する

ビレッジ・マーケットプレイスがオープンすると、そこからファシリテーターは新たな役割を担います。ファシリテーターは、スペースと時間の創造にはもはや関与せず、参加者が自分たちで選んだそれぞれの道を歩んでいる間、参加者のためにスペースと時間を保持する（ホールドする）役割を担うのです。スペースと時間を保持するという仕事は、詳細にその役割や進め方を説明できるものではありません。この仕事は臨機応変さが求められるものであり、ミーティングの流れの正確な読み取りや、自分自身やミーティングの目的に対する明確な理解、また起こったことに敏感かつ革新的に反応をする能力に依存するものなのです。これらの役割がうまくなされれば、私の知るところの良いファシリテーターにとって欠くことのできない資質である、「しっかりと存在し、まったく目につかない状態」を担保することができます。この章では、これらについていくつかの例を紹介します。

紙コップやゴミを集める

　「スペースを保持する」の「**保持**」を別の言葉で言い換えると、それは「**お世話（ケア）をする**」かもしれません。また、それに「掃除」や「整頓」、さらに「尊重」という言葉を付け加えてもよいかもしれません。スペースを保持するためにするべきことには、大きな事柄も存在しますが、そのほとんどは、紙コップやゴミを拾うような小さなことであると気づきました。

　参加者が大人数の場合は、いかに上品で、几帳面な人たちであろうと、必ずゴミの山を残していきます。多くの場合、施設の係の人がこの散らかったゴミの処理をしてくれるでしょう。それは施設担当者の仕事です。しかしそれは、本当は私たちの仕事、私たち全員の仕事で、そして特にファシリテーターの仕事なのです。またこの

仕事は、現場から一歩身を退いて、単なる傍観者となることを可能にさせてくれます。人々は、あなたが何をしているのか、あるいは**何もしていない**ということを気にかけたりしません。スペースと時間を保持するということは、あなたがそのスペースと時間の中でしっかりと存在し、いつでも手助けができる状態にあるということなのです。そして、それはあなたに、オープンであり、真実に満ちていることを要求します。つまり、あなたは、時間とスペースを保持することと、それを尊重すること以外にアジェンダをもたないのです。紙コップやゴミを集めるということは、そのすべてを可能にさせてくれます。

モーニング・アナウンスメントとイブニング・ニュース

　オープン・スペースのスケジュールに関して記述した「第5章　会場準備」では、コミュニティーは1日に2回、モーニング・アナウンスメント（Morning announcements：朝の連絡）とイブニング・ニュース（Evening News：夜のニュース）に集まると書きました。この集まりは、実用的な役割を果たすものですが、それに加え、ファシリテーターにとっても、スペースと時間を保持することを実践する良い機会となります。

　アナウンスメントとニュースの趣旨は、実質的には、その名前が示す通りです。朝には、行方不明の犬や猫（そういったものがあれば）、衣服などの落とし物を知らせるとともに、ミーティングにおける変更（追加、キャンセル、統合）を簡単に伝えるようにします。ニュースもその日の経験を共有したり、それらの意義を反芻したりすることが加わるだけで、その趣旨はほとんど同じです。さらに基本的なレベルでは、モーニング・アナウンスメントとイブニング・ニュースは、参加者の意識を集中させるために、コミュニティーを

招集する機会を提供しているといえます。実際、そこで行われることは、招集の名目でしかないのです。

　これらの日常的な活動をより深いレベルにもっていくことは、ファシリテーターの腕の見せ所であり、これはスペースと時間を保持すること、もしくは尊重することの真髄となります。また、ファシリテーターは積極的に自分の活動から手を引き、縮小することによってこれを達成するのです。立ち上がってスペースと時間を要求するのではなく、ファシリテーターは黙って座り、ただシンプルにそこに存在することによって、すべてを在るがままにしておくことで、最も効果的に役割を果たすことができるのです。

　オープン・スペースにおけるファシリテーションの技とは、スペースと時間を創り出し、それを全部手放す能力を指します。これは、コントロールすることや、参加者にとってコントロールしているように見えるものに対して、本当に背を向けることです。しかしながら、厳密には、あなたは「元々もっていなかったもの」、あるいは「以前もっているように見えていたもの」を「手放す」ことはできません。オープン・スペースを始めるに際し、最初にファシリテーターは輪の中心に立ちますが、このとき、ファシリテーターが実際にそこに存在することが、すべてを保持する（ホールドする）ことにつながるのです。そのため、ファシリテーターがこの時点でその場を立ち去るということは、混乱やさらに悪い事態を確実に招くでしょう。構造や、アクション・プラン、アジェンダがないということは、参加者がバラバラになっても仕方がない状態なのです。ですから、ここでファシリテーターが請け負う信頼とは本当に重いものなのです。これを神秘的な言葉で表すと、無から何かを創造する、ほとんど神のような役割であるといえるでしょう。それは確かに典型的な聖職者の役割なのです。しかし、聖職者的役割のアキレス腱（弱点）と同様に、ファシリテーションのアキレス腱は、この状況において

行使するパワーが、すべてをコントロールする権力を与え、そのパワーが正当であり、永久であると思い込むことにあります。しかし、それは一時的に借りているだけであり、できるかぎり早く手放さなければならないものなのです。

アナウンスメントとイブニング・ニュースはこうしたコントロールをすべて手放し、同時にグループ全体により多くの主導権をもたせる絶好の機会となります。私は、数日間のプログラムにおいて、ニュースとアナウンスメントが最初に行われる際、進行係を演じることにしています。そして、2回目はその仕事を誰かに任せます。そしてもし、自分がいなくても大丈夫だと感じたら、3回目には、誰にもその役割を頼まず、ただそれが自然に起こるのを待ちます。具体的には、人々の輪の中心にマイクを置き、座って待つのです。遅かれ早かれ、参加者たちはマイクに気がつきます。後は、彼らが歩いてゆきマイクを手に取るだけです。誰かがそうするでしょう。その後、マイクは必要に応じて人から人へと手渡されていきます。人をエンパワーするのに、これほど簡単なやり方はありません。すべての状況でこのやり方が機能するわけではありませんが、これが私の理想の形です。

鐘が鳴る

この問題は私1人が抱えるものではないと思いますが、大声やたくさんの拍手、ガランガラン鳴る耳障りな鐘と共にミーティングをスタートさせるという方法は、私を不機嫌にさせます。すべての騒音がなくなった時には、私はベッドに横になるか、少なくとも頭痛薬を飲んでその日が良くなることを祈りたくなります。ましてや、

建設的で創造的な作業などは、こうした状況では、ほぼ不可能になります。エネルギーは散乱し、精神は粉々になり、私は飛び出して、とんでもないことをしたくなります。

　ミーティングをスタートさせるよりよい方法は、チベットのお寺の鐘を使用することだと私は思います。この鐘（チベタン・ベル）はとても小さくて、たいてい青銅か真鍮でできています。シンバルのように見え、ペアーになっており、お互いをぶつけ合って鳴らします。そして、そこから奏でられる音は、この世界では他に類を見ないものなのです。はっとするような純粋さと共鳴音をもっており、聞き手に複雑さと深さを与えます。その音色は「美しい」の一言に尽きます。そして、この鐘は非常に機能的でもあります。おそらくチベット人は、これらのことを理解して使用していたのでしょう。

　その鐘がある程度強くぶつかり合うと、さほど大きな音ではないのに、よく通る音が奏でられ、何もかもを越えて遠くに届きます。大声で会話をしている500人の騒音を前にしても、その鐘を2回鳴らせば、たいてい彼らを沈黙に導きます。彼らは力で圧倒されるのではなく、うっとりとさせられるのです。

　また、この鐘を数回強打する代わりに、品位のあるゆっくりとした打ち方で、もっと静かに始めることもできるでしょう。このパターンは、繊細な方法で、耳障りな会話や、バラバラの活動を束ねる、基本リズムを提供してくれます。それはまるでグループが調和して呼吸を始めるようです。またこの後、1つの鮮明な音階で終わるように、打ち方の強さと頻度（周期）を減少させていくと、参加

者が大聖堂の中にいるような静寂が訪れることをあなたは発見するでしょう。そこに流れる空気は、緊張した期待のようなものです。そして、あなたは一言も言葉を発してはいないのです。

あなたは、そのお寺の鐘が次の年次ミーティング（またはオープン・スペース・テクノロジーを使用することを選んだ行事）には場違いだと感じるかもしれません。しかし、私はこのマジックが世界中であらゆる種類の人々に通じることを見てきました。その音楽を聴くのにあなたがチベット人である必要はないのです。また、チベットの鐘だけを使う必要もありません。そして、こうした壮大な実験を続ける結果、参加者の頭をたたくことなく秩序を生み出す、すばらしい新たな手段を発見することができるでしょう。

> その音楽を聴くのに、チベット人である必要はないのです

人々をエンパワーする

不思議なことですが、エンパワーメント（empowerment）は、ほとんど話さず、何も行わない場合に最も達成されます。従来のミーティング環境では、ファシリテーターの役割は、すべての瞬間に、すべての人々にとってのすべてになろうとして、常に熱狂的に仕事をこなしていました。しかし、こうした役割は非常に疲労困ぱいするもので、維持することは結局不可能であり、オープン・スペースのファシリテーターがすべきことと正反対なのです。オープン・スペースの環境においては、ファシリテーターは常に自由と責任を参加者に還元しなければならないのです。

ほとんどの仕事でそうであるように、ここでは小さなことが重要となります。たとえば、もし参加者が「自分たちは何をすべきか」についての至極当然な質問を携えてあなたのところへやって来た場合、その適切な答えは**「あなたたちは何をしたいのか？」**というものになります。多くの場合、彼らはその答えをすでに知っているのです。また、もしそうでなければ、それを把握するために少し時間をかければ答えを得ることができるでしょう。

　もし、その質問が従来のコンファレンスにおいて、マネジメントや実行委員会がしてきたような提案型のものであれば、私は質問者に、「どうしてそれを自分たちでやらないのですか？」と聞き返すことが効果的であると発見しました。私たちは全員がマネジメントの立場なのです。

　あるとき、初期のオープン・スペースのイベントで、備品供給係が（つまり私のことですが）、名札を準備し忘れたことがありました。本当のことをいうと、忘れたのではなく、私はそういうものが好きではないのです。それは、私の目と何か関係があるかもしれません。私の目はかなり悪くて近くの物に焦点を合わせることができず、また遠くから読むこともできません。そのため、どちらにしても人に名前を尋ねることになってしまい、それが私にとって人と会った時、最初に行うべき文明的な行為となったからです。

　しかしながら、ある参加者は名札を作ることに執拗にこだわりました。そこで私は彼にこう尋ねたのです。「それはすばらしいアイデアです。どうして自分で作らないのですか？」その人は少しショックを受けたように一瞬黙り、立ち去りました。そして、それはすばらしい結果へとつながったのです。短時間の間に数名の人たちが自発的に呼びかけに応え、とてもきれいな手書きの名札を作り始めたのです。この名札には名前のための小さなスペースとたくさんのバンブルビーとバタフライが描かれていました。そして、このコミュ

ニティーによる工芸品（名札）は贈り物として提供され、すぐに1人ひとりが他の参加者に名札を付けてあげるという催しに発展しました。誰も除外されることはなく、ホテルの係の人までがカラフルで可愛い動物のバッジを付けていました。

　もちろん、本当に必要なニーズは即対処されなければなりません。それが次のセクションの主題です。しかしほとんどの場合、そこで生まれたニーズは「オープン・スペースは、参加者の意思で発揮される情熱と責任を基盤として進行する」という概念を強調し、かつこれを発展させる絶好の機会となるのです。

道路の落とし穴

　ほとんどの場合、オープン・スペースが歩む道のりはたいへんスムーズです。人々は責任感のある自由な個人として扱われた場合、その期待に沿おうとする傾向をもっているのです。また逆に、悪い状態を期待されれば、おそらくその通りになるでしょう。しかしながら、あなたがいくら良い状態を期待したとしても、現実は逆の方向へ行く場合があります。それは時折、不愉快で居心地の悪い感じで起こりますが、グループにとっては必ず利得があります。そのような時は、その状況に取り組み、その結果から学ぶことは全員の責任です。しかし、その学習が進行している間、スペースを保持するのはファシリテーターの特別な任務なのです。

悪天候

　多くの場合、多くの人々がオープン・スペースを刺激的なもの、解放してくれるもの、創造性と協働から生じる感動的なものとして体験します。しかしながら、オープン・スペースは刺激的であると同時に、ある点ではアンバランスであり、当惑するようなものでも

あるのです。私たちは個人そして参加者として、一般道路地図にはほとんど載っていないような、新しい方向へ自分たちが旅していることに気がつきます。もし、それがあなたの考えていたもの、あるいは少なくともあなたが準備していたものであれば、そのすべてが良い方向へ向かっているでしょう。

　しかしながら、人によっては、この種の刺激を歓迎できず、予期しなかった悪天候として体験するかもしれません。そのような人は通常、オープン・スペースが始まる前に自ら立ち去って行きます。これは、オープン・スペースへの参加が完全に志願したものでなければならない大きな理由です。準備もできていない、やりたくもないような体験を誰かに強制するのは、犯罪行為に等しいことです。これは他の状況ではレイプと呼ばれます。しかしながら、かなり頻繁に、誤解または同僚からの微妙な圧力によって、そこにいるべきではない人がオープン・スペースに参加してしまうことがあります。

そのような場合、こうした人には、心配りが必要です。

この話の良い例に、精神的な障害をもっており、その治療中であったある紳士の例があります。こうした人はたいへん傷つきやすく、物事を整理するのに普通の人以上に制限と境界線を必要とします。オープン・スペースのパワーは、この境界線を除去することにあるため、問題が生じるのです。ミーティングの3日目、この紳士はモーニング・アナウンスメントの際に輪の中心に自分がいることに気がつきました。この時の彼は、自分のセッションの小さな変更を発表したかっただけだったと私は思いますが、ある1つの話が他の話につながり、気がつくと彼は自分の全人生について詳細に語っていたのです。

ここでの要点は、そのようなことが起こるのを許容することが大切だということです。成長と創造性は、このような自由の中で誕生するのです。しかし、明らかに物事が少し行き過ぎてしまうときがあります。その人が自分で何をやっているのかわからないばかりか、明らかにそれをどうやってやめればよいのかも、まったくわからないようなときなどです。たとえば、この紳士はみなを不愉快にさせ、彼自身が恥をかく恐れのある、たいへん深い落とし穴にはまってしまいました。

しかし、この状況を解決することは難しいことではありませんでした。私は輪の中心に歩いて行き、彼の横に立ち、彼を両手で抱いてあげました。それは、良質な、力強い、サポート的な抱擁でした。私たちは皆抱擁が必要です。また時折、それが他の人よりも必要な時があります。このケースにおいては、抱擁がいつもの魔法をかけてくれました。多くの参加者が中央に出てきて私に加わり、私たちは「グループ抱擁」とでも説明する他はない状態になり、とても良い気分になりました。そして、その場では、誰一人として何も言葉を発しませんでした。

このように、人々がお互いを気遣う気持ちがなければ実現できないようなことが起きたとき、そのことによるグループへの効果は、信じられないほど強力でポジティブなものとなります。人々の優しさや気遣いによってサポートされると、信じ難い離れ技が可能になるのです。そして、これが、オープン・スペースがとても効果的である理由の1つなのです。

スペース・インベーダー

時折、全員のものであるスペースをある個人が所有しようとしたり、独占しようとしたりすることがあります。それはその目的が尊重できるもので、かつその結果がポジティブな場合もあります。また反対に、かなり暴走したエゴによる権力の強奪の場合もあります。そのような状況においては、感覚を養うこともできますが、どちらのケースかを見分けるのは、たいてい非常に難しいことです。しかし、安心してください。どのような場合も、両方のケースにおける対処法は同じです。

ファシリテーターの基本的な仕事は、人々のためのスペースを尊重する（保持する）ことであるのを覚えておいてください。これは誰も準備ができていない、関心もない活動に取り組むことを強制されてはならないことを意味します。主体的移動の法則は真剣に受け止められなくてはなりません。それは、**絶対に**グループ全体で何かを一緒にしては**ならない**ということではなく、それが常に同意をベースとして行われる必要があるということなのです。良い理由であれ悪い理由であれ、スペース・インベーダー（スペースを侵略しようとする人）は「直ちに全員で〇〇を**やらなければならない…**」というようなことを言ったり、行ったりすることによって、うまくこの同意をするという前提を侵します。

ファシリテーターが、何よりもまず念頭に置くべきことは、スペー

スを守り、人々の選択する権利を守ることでなければなりません。これは通常、次のように話すことで、非攻撃的かつ簡単に達成することができます。「**今提案されたことは、おそらくたいへん良いアイデアだと思います。ぜひそれに取り組む新しいセッションを提案してください**」。または、「**私たちはかなりの時間座りっぱなしですので、この辺で休憩を取りましょう。その後で、このアイデアを追求したい人たちはここに戻って来て、続けてください。その他の人たちは、ご自身がしたいと考えていたことに取り組んでください**」。

　たいていこの時点で、あなたはエゴイストと他の目的をもっている個人とを見分けることができます。エゴイストは自分たちの権限がなくなっていくのを見て、それにしがみつこうとして、あらゆる種類の言葉と戦略を行使します。それは、「でも、私たちはそんなに長い間座っていない」とか、「投票で決めよう」といったものです。またエゴイストが取るもう1つの作戦は、純粋な対立です。むき出しの怒りを表した目であなたをにらみつけながら、こんな言葉が飛び出します。「私はあなたを権威的で何でも自分でコントロールしたがる変な人だと思う。どうして言っていることを実行しないのですか？」

　そのような人と言い争う必要はありませんし、行われるべき唯一の投票は主体的移動の法則によるものです。また、これ以上、手だてがない状況まで至ったら、それはファシリテーターが部屋から出て行く時なのです。多くの場合、参加者も後をついてきます。もしそうでなかったとしても、それは彼ら自

> ファシリテーターは人々に代わって選択をすることはできませんが、全員に選ぶ機会を与えることはできます

身の選択だといえるでしょう。ファシリテーターは人々に代わって選択をすることはできませんが、全員に選ぶ機会を与えることはできるのです。

あなたはこれを読むに従って、記述していることが調子良過ぎるように思えるかもしれません。そして、カンカンになったエゴイストの会長、もしくは社長、または部長を前に、その状況が実際にどんな感じになるか心配しているかもしれません。しかし、そんなことは関係ありません。スペース・インベーダーの身分に関係なく、あなたはまったく同じことをしなければならないのです。さもなければオープン・スペースを諦めなくてはなりません。もし、あなたがファシリテーターをするために雇われているのであれば、しっかりとした仕事で自分の報酬を稼いでいることを証明できるのが、まさにこの瞬間なのです。

すべてのスペース・インベーダーが暗黒のパワーを代表しているわけではありません。多くの場合、彼らは良いアイデアや多少過剰な熱心さをもち、タイミングが悪いだけなのです。彼らはすぐに新しいセッションを提供するか、提案された休憩をすばらしいアイデアを生み出すためのリフレッシュする時間として受け入れます。たいてい、彼らは一目散に部屋から出て行きます。戻ってくる率は予想できませんが、適任者が戻ってくることは確かです。

異常なことに対処する

しばしば、オープン・スペースで起こった何かが、とんでもないことに発展することがあります。それはあなたがもっているあらゆるスキルとテクニックを駆使し、参加者全員で取り組まないかぎりは、誰もその場を統括することができないことを明らかにします。また、そのような状況下で、ファシリテーターはスペースを保ち、プロセスを信頼し、参加者を信じることしかできません。しかしそ

うすれば、まったく驚く形で、すべてがうまく運びます。

　以前、世界的な団結を築くために開催されたオープン・スペース・イベント（第1章参照）において、そんな突拍子もない出来事が起こりました。私たち175人は輪になって座っていました。その輪にはアラブ、イスラエル、ロシア、ラテン・アメリカなど世界中からの人々がいました。そしてそれは、ミーティングの3日目、モーニング・アナウンスメントの時に起こりました。アナウンスメントが少し始まった頃、突然、少し様子の変な女性が中央に歩み出てマイクを手に取ったのです。彼女の最初の言葉は、彼女が参加者全体に話をする必要があり、それに苦労しているというような趣旨でした。そして、彼女がどうやってその話をするかを考え込むたびに、思い出すことも嫌な、何かとても異常なことに囚われてしまうのでした。しかし、彼女は他のことを考えることもできない状態でした。そのため、彼女は輪の中心でマイクを片手に持ち、そしてもう片方の手をブラウスの1番上のボタンに置きながら立っていました。そして、私が自分の頭の中で「オー、ノー」と言い終わる前に、彼女は生まれた時のように裸になり、床の上に座り込んでしまったのです。

　そこでの私のオプションはかなり限られていましたが、1つだけはっきりしていたのは、もし私が少しでも動けば、その場全体がパニックを引き起こす可能性が高く、誰かが何かをしたとしても、それは後になって後悔されるということでした。私は自分ができる唯一のことをすることに決めました。スペースを保持することです。

　すると、永遠のように感じられた瞬間が過ぎた後、もっともすばらしいことが起こり始めました。参加者は、深い意識から、適切な方法で状況に対応し始めたのです。明らかにそれは計画されたものではありませんでした（計画されていたわけがありません）。人々が個々に反応しているうちに、それはまるで175人全員が一団となって反応しているようになったのです。

余分にセーターやコートを持ち合わせていた4、5人の人が順番に、それを脱ぎ、座り込んでいる彼女のところへ歩いていき、優しくかけてあげたのです。それから彼らは彼女の横に座りました。そして最後には、部屋の中心に小さな輪ができました。
　次に、確か南アフリカからの女性が立ち上がり、中央に歩いて行き、その小さい輪の端に座りました。控え目な調子で彼女は参加者全体に話し出しました。「私たちは世界的な団結に取り組むためにここにいます。しかし、私たちはまず様々な相違を受け入れなければ、その団結に取り組むこともできません。そして、相違とはたいてい異常なものです」。
　それから他の地域からやって来た男性が中央へ歩み出ました。彼のメッセージはほとんど同じようなものでしたが、まったく違った言葉遣いとエネルギーによるものでした。私は彼の言葉を正確には覚えていませんが、そのフレーズは「この世界では、ゴミのようなことがどうしても起きます…」といったものでした。
　計画することもなく、並外れて美しく力強い形で、異常な事態が認知され、抑制され、そして理解されました。自然に外側の輪から人々は1人ずつ立ち上がり、中央に歩いて行き、最後には私を除く全員が小さな輪を囲んでいる大きな輪の中に立っていました。そして合図でもあったかのように、彼らは全員手をつなぎ、急に歌い始めました。それは何の曲だったか覚えていませんが、それはあまり重要ではありません。そして、それがすべて急に始まったのと同じように、急に終わりました。そして沈黙の後、人々は手を下ろし、部屋を出て行きました。
　私は、その女性がどうやって部屋を出たのかはまったく見ませんでしたし、今日に至っても彼女が何をしゃべろうとしたのか、またなぜ彼女があのようなことをする必要があったのか正確には理解できません。しかし、それがすべて起きた後、コンファレンスの雰囲

気が完全にそしてポジティブに変わっていたことだけはわかっています。振り返ってみると、私が何もせず、何も言わなかったことで、参加者自身が自分たちの知恵によって選択した行動と同じように、ポジティブで強力なインパクトをその場に与えたのかもしれません。その理由を推測することは興味深く、おそらく役に立つでしょう。しかし、そのとき、参加者が集合的に、そして意識的に順序だった反応をし、それが異常な出来事全体により深い意味を生み出したことは、明らかでした。自分たちの衣服を提供した人々が小さな輪を創り出したことによって、異常事態は収まり、そして受け入れられたのです。その後、それは南アフリカからの女性と、どこからかやって来た男性によって解釈されたのです。最後にそれは祝典のようなものとなり、経験全体の一部として統合されました。そのような統合によって、参加者は前進できたのであり、またそれは強力で革新的な形で前進したのです。

第 **10** 章
3 日間のオープン・スペースのための特別な考慮

オープン・スペースの3日目は、最初の2日間とは、違った形のものとなります。もし、最初の2日間が幅広く多種多様なアイデアやアプローチを参加者から引き出す「拡散」とするならば、3日目は「収束」といえるでしょう。その目的は、様々な細かい部分をすべて、可能なかぎり理路整然とした1つの体系にまとめ上げることで、参加者を思考やディスカッションから確実なアクションの段階へと移行させることにあります。

情熱からアクションへ

　オープン・スペースが行われたからといって、確実なアクションが起こるという保証はありません。しかし、同じことはどのようなアプローチにもいえます。最終的には、意味のあるアクションとは、その内容が何であれ、人々がそれを達成する責任を引き受けた時に現れます。オープン・スペースは人々がアクションを起こす可能性を明らかに高めます。なぜなら、すべての参加者は、自分たちだけが物事を進めていくためのカギを握っていることを最初から知らされているからです。それは、参加者が、タスクを達成するために必要なすべての力とリソースをもっているという意味ではありません。参加者にその力があるかないかにかかわらず、開始するパワーは彼ら自身の中に確実に存在しているということなのです。もし、彼らが最初の一歩を踏み出さなければ、他の人がそれをすることはまずないでしょう。

　さらに、オープン・スペースでは、アクションの必要性の認識と欲求が参加者から生じるため、意味のあるアクションが起こる可能性が高まります。上からの権威による押しつけや、あらかじめ決められたアクション・プランは存在しません。行動する必要性を見いだした人自身が、アクションを起こす人であり、他の誰よりも最初

の一歩を踏み出すモチベーションをもっている**はず**なのです。ここで、「**はず**」という言葉を使ったのは、それが起こる保証はなく、起こる可能性が高いからです。

１つの部屋の中にホール・システムをもち込む

アクションを起こす可能性を、最高のレベルにまで高める方法が１つあります。それは、ホール・システム（Whole System：全体システム）を同じ時に同じ部屋の中にもち込むことです。かつて、組織的なプロシージャー（手順）として、多様で大勢の人々が一堂に会して何かに取り組むことは、タブーとされ、避けることのできない大惨事になると思われていました。また、一般的には最適なグループの規模は12人前後だと考えられていました。それは、大勢であればあるほど、意義あるコミュニケーションが不可能であると理解されていたからです。同様に、学歴や経済状況、地位、年齢あるいは経験などの多様性も、効果的なグループワークにとっては好ましくないとされていました。つまり、「ホール・システム（組織や会社全体）を同じ時に同じ部屋の中にもち込むことは、狂気以外の何物でもない」と思われていたのです。

しかし、オープン・スペースはこの考えを劇的に変えました。オープン・スペースでは、ファシリテーターが何の苦労もなく、1000人以上の人を相手にすることが可能であり、ITを活用した場合においては、参加者の人数などは、もはや問題ではなくなるからです。

また、多様性に関しても、それを問題と捉えるのではなく、むしろ貴重な資産として捉えます。オープン・スペース・テクノロジーの今までの経験によると、いろいろな人がいればいるほど、良い結果を生み出すのです。

こうしたことから、１つの部屋の中にホール・システムをもち込むことは、現実的な選択肢なのです。またこれが実現すれば、他の

所にリソースを探しに行くことや、権限をもつ誰かにアクションを承認してもらう必要はもうありません。すべてはそこにあるのです。

アクションに向けての収束ステップ

　3日間のオープン・スペースにおいて、2日目は、議題に関するディスカッションの内容と、それに貢献した人たちの名前が載っているセッション・サマリーをすべてまとめたレポートを完成させることで終了します。セッション・サマリーは提出された順番に並べられ、議題番号が付けられていきます。そして、この次のプロセスが、すべてをアクションへと導くのです。

　完成されたレポートの到着は、興奮する瞬間です。ぜひこの瞬間を楽しんでください。私はたいてい、完成されたレポートを輪の中心に置き、参加者に自分で、自分の分を取りに来てもらいます。この時、コーヒーとドーナツを用意すると、ある種のお祭りムードをかもし出すことができるでしょう。そして、自分たちの作業が具体化されて、形になったのを見ることによって、参加者の間には、興奮がわき上がります。参加者は何もない状態、文字通り白紙の状態の壁からスタートして、3日目に、自分たちの作業が文面化された記録を手にするのです。

　レポートが手渡された後の3日目の作業は極めて単純で、次の2つか3つの作業があります。

1. 読む時間と優先順位付け
2. 収束とアクション・ステップ
3. アクション・ミーティング（Action Meeting：実行ミーティング）

読む時間と優先順位付け

　完成されたレポートが参加者の手に渡ったら、その次の指示はいたって簡単です。まず、全員にそのレポートを読むように伝えます。この時、特に参加していなかったセッションに関して、集中して読んでもらうようにしてください。通常、ここでかかる時間は1時間程度です。もし、レポートがとても厚い場合は、1時間半程度とるとよいでしょう。この時間は、全員がそこにいるので、様々な議題の意味と目的に関して、書いた本人に質問できる良い機会ともなります。それぞれの議題には議長と参加者の名前が載っているので、議題を提案し、レポートを作成した人を見つけることは簡単です。

　また、この時、参加者はレポートを読み進めていく中で、各自、議題に優先順位付けをすることを求められます。この優先順位付けには、いくつかの方法があります。参加者の人数が多い場合は、投票用紙を使用することが最も簡単な方法でしょう。それは、朝、始まる時に配布してもよいですし、レポートの中に挟んでおいても構いません。投票用紙には、最も重要だと思われる議題を10個選び、その議題に優先順位を付け、レポートに記載されている議題の番号と共に次のように記入してもらいます（例：第一優先事項／議題番号22、第二優先事項／議題番号2など）。

　投票用紙の集計は、パソコンまたは手作業のどちらでも構いません。しかしながら、規模が大きい場合（50人以上の場合）は、パソコンによる集計のほうが絶対によいでしょう。理想を言えば、メイン会場にあるいくつかのパソコンや、容易にアクセスできる場所にあるパソコンに、投票結果を集計するソフトウェアをインストー

ルしておくとよいでしょう。そして、レポートが参加者に手渡された時点で、すぐに投票を開始し、都合のよい時に投票ができるようにしておきます。その際、参加者には、紙の投票用紙にすべてを記入し終わってから、パソコンに投票しに来るように注意してください。そうすれば、実際の投票時間は1人につき長くても30秒ですみます。しかし、パソコンの所へ行ってから選択を考え始めてしまうと、時間がかかってしまいます。

　参加者の中には、部屋に入ってくるなり投票をする人もいるでしょうし、慎重に選ぶ人もいるかもしれません。そのため、投票をしに来るタイミングは、レポートを読む時間内で、適度にばらつくことになります。経験上、150人のグループには、4台のパソコンがあれば十分であることがわかりました。もし、これよりも大きな規模であれば、もっと多くのパソコンが必要になるでしょう。

　投票はレポートを読む時間が終わると同時に締め切られますが、もし全員がすでに投票を済ませたのであれば、早目に締めます。そして、議題の収束と効果的な次のステップを確認するという次の作業のために15分ほど準備を行います。しかしここで、この詳細な説明をする前に、投票にパソコンのソフトを使用しない場合の、優先順位付けの方法を説明したいと思います。

　もし、あなたが投票用のソフトウェアを使用しないことに決めた場合は、手作業で票を数えることによって、同じ結果を得ることができます。しかし、これはたいへん時間のか

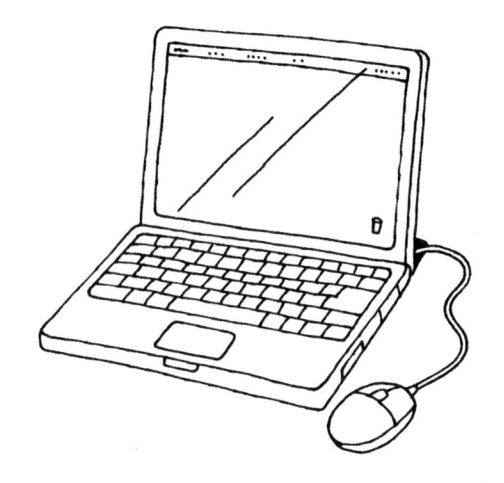

かる作業となり、数時間を要するかもしれません。とはいえ、中には手作業を好む人もいると思いますので、やり方を説明しておきます。

　手作業で行う場合、私が以前使っていた方法は、通称グループ・プロセスとしても知られるデルファイ法（Delphi Technique）を編み出した人から、ありがたく知恵を借りたものです。このアプローチは、優先順位をわかりやすくする加重方式を利用します。簡潔にいうと、参加者に第一優先事項には10点、第二優先事項には9点というように点数をつけてもらいます。これはすべての議題番号（1から最後の番号まで）が並べられ、その横に投票用紙を用意しておくことにより、円滑に進行されるでしょう。参加者にはレポートを読む時間が終了するまでに、都合のよい時に投票してもらいます。

　ここから先は、単純作業となり、これを簡易化する方法はありません。その作業は、議題に付けられた点数を集計し、加重することです。まず点数の合計値を出し、次に投票数で加重します。つまり、点数が同じだった場合、その中で最も投票数の多いものを優先させるのです。これは、10という得点が、1人が10点を投じても、2人が5点ずつ投じても、または10人が1点ずつを投じても同じであることから、こうした方式を採っています。また、グループ全体の観点からすると5人が「価値がある」とした議題は、1人だけが関心をもっている議題よりも重要であるという前提に基づくものです。もちろんこの考え方は論議を呼ぶところですが、実践レベルでは、これがうまく機能するようです。

　こうして、多くの努力と多大な時間を費やして、手動方式は投票用ソフトウェアと同じ結果にたどり着くことができます。そして、すべての議題は、優先順位が付けられ並べられるのです。

　しかしここで、もう1つ優先順位を付ける方法があるので、紹介します。それは小さなグループ（25人以下）で機能する「スティッ

キー」を使用した方法です。スティッキーとは私の造語で、文房具店に売られている様々な色をした小さな丸いシールを指します。

　この方法は、様々な議題の張り紙（最初のアジェンダ設定のために書いたもの）を壁一面に貼ることから始めます。そして、各参加者に55個のシール入りのシートを1枚渡し、それらを好きな議題に貼ってもらいます。この時、第一優先事項には10個のシールを、第二優先事項には9個のシールというように貼ってもらってください。シールが貼り終わったら、次は、このシールの数を数えるという手のかかる作業を行わなければいけません。しかし、この作業は、もし全員が合意するならば、ぱっと見て、判断してもよいでしょう。

　どんな方法でも、最終結果は同じところにいきつきます。すべての議題が優先順位付けされ、その順番に提示され、次の段階である議題の収束や、効果的なアクションを決める準備が完了しているでしょう。

収束とアクション・ステップ

　収束の必要性については、オープン・スペースを1度実施すれば、はっきりと感じられるでしょう。参加者によって挙げられた議題は、独立したものが多く存在します。しかし一方で、それらはすべて相互に関連しており、また中には密接に関連しているものも存在するのです。そのため、参加者が優先順位を付けることを非常に難しく感じたり、難しいと言い出したりするかもしれません。すべてが相互に関連しているのに、どうすればある議題を他の議題よりも優先することができるのでしょうか？　また、ある議題を選択したら、その他の議題はすべて忘れ去られてしまうのでしょうか？　単にある議題が優先順位の上位に入らなかったからといって、それが重要ではないということになるのでしょうか？

　これらは非常に難しい問題ですが、3日目が始まる時点で、どの

議題が優先順位の上位になるかということは、政治的な勝ち負けの問題ではないことを全員に何回も強調することによって解決できるでしょう。下位にランク付けされた議題も、最終レポートには載るので、決して負けてなくなったというわけではないのです。優先順位を付けるということは、無数の「ホットな論点」※と主要な関心事項、またはカナダ人が使用する「ウィキッド・イシュー（Wicked issue：クールな課題）」※を明らかにすることなのです。そして、この「ホットな論点」は、今後取り組む必要がある重要な事柄を示してくれます。また、優先順位付けの結果では、限られた数の議題が上位に自然と浮かび上がってくるのです。この現象は、結果を棒グラフで報告してくれる投票ソフトウェアでは、一目瞭然です。いくつかの議題（5個？8個？まれに10個）に突出して投票が集まり、後は少ない投票数の議題が続き、最後には投票数がなくなるのです。私たちは上位に挙がった議題に興味をもっています。ですから、次のステップでは、この上位の議題を取りあげていきます。

　私のやり方は、上位に挙がった議題をそれぞれ1枚のフリップチャート用紙の一番上に書き、それぞれのページの真ん中に横線を1本ひきます。そして、線の上に、「関連する議題」（Associated Issues）、線の下には、「取るべき行動」（Actions to Be Taken）と書きます。そして、このフリップチャートをメイン会場に円状に並べます。

　それから、参加者に自分たちが貢献できると感じるチャートの前に来てもらいます。そして、2つの情報を提供するようにお願いします。1つ目は、参加者に、フリップチャートに載っている議題と密接に関連すると思える議題を見つけ、書いてもらうことです。それは、単にレポートに載っている議題番号を書き入れればよいだけであり、特に大きな議論をする必要はありません。2つ目は、その議題に対して効果的なアクションを記入することです。この作業も

※スラングで、「とても良い」というときに「ホット」といい、それをもじった言い方。
※スラングで、「良い」という代わりに「ウィキッド」という。

また、長たらしい議論や詳細な説明は必要なく、次にされるべき、あるいはされるかもしれないことを手短にメモするだけです。
　上述した方法に従うと、参加者はフリップチャートからフリップチャートへと動き回ります。この時の会場は、バザー（市場）のようになります。その取り組みを指揮する必要はなく、会場のざわつきも害になりません。通常、この作業は、45分から1時間で終了します。
　パソコンによる投票、もしくは、スティッキーを使用した場合、この時点でおよそ3時間が経過しているでしょう。言い換えれば、午前中のほとんどを費やしていることになります。手作業で投票結果を集計している場合は、もっと多くの時間がかかっているでしょう。そのため、私は手作業による方法をあまり使用しないようにしています。いずれにせよ、すべてが終了したこの時点では、参加者は以下の事柄を達成しています。

・関心のある議題がすべて確認されている
・すべての議題についてのディスカッションの内容がレポートに記載され、それに関わる重要な人物である議長（convener）または推進者（champion）、そしてそのディスカッションに参加した全員の名前が一覧で載っている
・議題には優先順位が付けられ、上位の「ホットな論点」が選ばれている
・ホットな論点と関連した議題が収束されている
・次のステップが提案されている

　ここまで達成されていれば、2日半の仕事としては上出来です。すべてのことが、実行委員会もなく、事前のアジェンダ設定もなく、達成されたのです。そして、おそらく昼食の時間になっていること

でしょう。

　私の場合、昼食の間にフリップチャート上の情報を記録し、全員にコピーを渡せるように、誰かにそれをパソコンに入力してもらいます。5、6人入力する人がいれば、これは迅速に行われます。そうすれば、昼食が終わった時点で、参加者は最も重要なクロージング・セレモニー（closing ceremony：閉会式。次の章を参照）や、クロージング・セレモニーの直前に行われる短いアクション・ミーティング（Action Meeting：実行ミーティング）を行う準備ができるのです。このアクション・ミーティングをする場合の注意点については、次に説明します。

アクション・ミーティング
　オープン・スペースのこの時点まで来ると、参加者は心底疲れています。彼らは疑いもなく自分たちの成果を非常にポジティブに感じていますが、エネルギーのレベルは低下しています。また、この時点では、すべての手はずが整えられ、すぐに行われるアクションの責任の所在が明らかになっているとよいでしょう。これは、選ばれた「ホットな議題」のそれぞれの議長に、その議題に関心をもつ人を、もう一度集めるよう促すことで達成されます。参加者はこの頃までに、今回のOSTの成果が書面になったものを手にしていることでしょう。そして、何が**すぐに取るべき**次のステップであるか、またそのステップの実行を確実にする責任は誰が負うのかということが課題になります。ここで、**すぐに取るべき**ということを強調するのは、この時点では、完璧な解決策を考えるために全項目に取り組む時間もエネルギーもないからです。そのため、ここで決めるべきことは、「ミーティングを来週開く」という簡単なものでもよいのです。もちろん、明らかにその達成が容易で、なおかつ達成すべき具体的な事柄がある場合は、誰かがそれを実行する責任を担う必

要があるでしょう。しかしながら、すべてを短い時間ですませることが、ここではとても大事なのです。それ以上のことをすると、疲労が必ず悪影響をもたらします。今までの実践経験からすると、通常アクション・ミーティングには、30分もあれば十分です。それからクロージング・セレモニーとなります。

　この最後の短いミーティングは、すべてをEメールで行うこともできます。参加者が遠方から参加している場合は、それが唯一の手段かもしれません。しかし、もし全員が同じ地域（同じビル、同じ町）から参加している場合は、次の週にミーティングを開催することもできます。

　多くのことをまだ行う必要があるように見え、また、この段階は単なる始まりに過ぎないかもしれませんが、すぐに取るべき次のステップに関する選択肢は、通常、この時点でかなり明確になっています。そして、おそらく次の3つの典型的な形に落ち着くことでしょう。

・取るべき具体的な行動はたいへん明白なので、後はそれを実行するだけである
・取るべき行動はかなりはっきりしているが、もっと多くの情報や相談が必要であり、その情報を集める期限を設定することが重要である
・その課題は泥のように濁ったままであり、合理的な次のステップとは、もう一度その課題に専念したオープン・スペースを開くことである

　オープン・スペースは事前にアジェンダやプレゼンテーションを準備する必要がないため、人々にエネルギーさえあれば、翌朝にでも、すぐに開くことができます。ですから、すぐに取りかかってく

第10章 3日間オープン・スペースのための特別な考慮

ださい。そして、今終わったオープン・スペースに来られなかった多くの人々も含めて、関心をもっている人々全員を招待することを忘れないでください。

第 11 章
終了と新たな始まり

オープン・スペースを含め、すべての良いことには、必ず終わりが来ます。しかし、ただ単に終わらせてしまうと、たいていは不完全である感覚が強く残り、オープン・スペースでの発見や感情、そして成長を活用しきれなくなります。そこで、尊厳と意図をもったクロージング（closure：閉会）が必要となります。それは、組織やグループが着手したいと願っている次の活動へと飛躍する足場となるのです。

　オープン・スペースのクロージングを設計する際、多かれ少なかれ、標準的な終わり方では、うまくいきません。また何をするとしても、オープン・スペースの精神を一貫して通さなくてはなりません。たとえば、「リーダー」が立ち上がり、参加者がこれからしようとしているすばらしいことに関して情熱的な演説をすることは、これまで培ってきた相互作用や仲間との協力関係と整合しないものとして記憶に残ることになるでしょう。そのような失敗が行われた際に、参加者が次のように話しているのを小耳に挟んだことがあります。「彼（リーダー）は良いスピーチをするし、いい人だけれど、私たちに何をしなければならないかを言う必要はない。私たちは、やらなければならないことに対して、それを行うためのリソース、意志、そしてパワーを集合的にもっているということをこの数日間で実証しました。しかし、どういうわけか、彼はその要点を見落としてしまったようです。彼は、古いルールで新しいゲームをしているのです」。

　それでは、あなたはどのように新しいルールで新しいゲームをすればよいのでしょう？一様な人々や一様な状況がないのと同じように、この答えは1つだけではありません。しかしながら、タスクはかなりはっきりしているように見えます。**それは全員が参加できる形で過去を承認し、未来の計画を立てることです**。次に紹介することは、私がこれまで使用し、多くの成功を収めてきたアプローチで

す。

　まず、開始の時と同じように輪になって座ります。この時、人々の気持ちや、輪に対する認知には、開始の時と大きな違いがあります。開始の際には、輪の中の広いオープン・スペースは、居心地が悪く、最悪の場合は脅威と感じられていました。参加者は輪の中で話す場合は端に立って話し、輪を横切る時は、できるだけ早く横切っていました。中央にいるということは、まったく孤独で無防備だったのです。

　しかしながら、オープン・スペースの終わりには、輪のダイナミクスは著しく変化します。それは、もはや脅威の場所ではなく、安全な場所となるのです。創造性、エネルギー、インスピレーション、オープン性、驚き、解放、純粋なコミュニティー、そしてエンパワーメントといった言葉は、参加者が気持ちを説明する時に頻繁に使用されるようになります。もちろん、面白い、変わっている、そして居心地の悪いなど、他の言葉も聞かれることがありますが、たいていの場合、これらは少数意見です。問題は、あなたがどのようにこれらの異なる感情を尊重し、参加者をクロージングに到達させるかなのです。

トーキング・スティックの儀式

　私はネイティブ・アメリカンのトーキング・スティックの儀式(The Talking Stick Ceremony)を応用することが、すばらしく効果的な**グランド・フィナーレ**になると考えています。それはすべての状況で、うまくいくわけではなく、特に参加者の人数が非常に多い場合はうまく機能しません。しかし、その儀式は1つの原型であり、出発点として参考になります。

　トーキング・スティックの儀式には、特に魔法のようなものはあ

りません。しかし、なぜそれが、どこか不思議で、ときどき魔法のように見えるかというと、シンプルでありながらも洗練されており、最も深い共有と振り返りを引き出すからなのです。ビジネスの状況において、そのような親密さが適切かどうかを疑問に思う人もいるかもしれませんが、この時点で参加者は、「感情や情熱、スピリット、そして共有は、ビジネスの中で重要であるだけでなく、ビジネスを含め、すべての人的活動の源である」ということを理解できるレベルに達しつつあるでしょう。また、もしトーキング・スティックの儀式という言葉を遣うことが心地悪いのなら、何か別の名前で呼ぶか、または何も名前はつけなくても構いません。最終的には、名称は大切ではなく、その行為が重要なのです。

トーキング・スティックの儀式とは元々、意思決定やディスカッション、またはただ集うことを目的として集まった人々が輪になって座り、スティック（木の棒）を順に回すものでした。スティックを持った人が話し、他の人はその人の話を聴きます。時間の制限や邪魔はありません。そのため、もしこのメカニズムを今日の立法府や重役会議に導入するとしたら、私たちは怖じ気づくかもしれません。制御がきかなくなるかもしれないからです。しかし、それは、自分たちが本当に思っていることを話すことができるものだということを意味していることにもなります。

この方法が機能するためには、話し手と聴き手の双方が、トーキング・スティックの自由に伴う責任を強くもたなければなりません。それは、話をする人は、話す必要のある内容のみをはっきりと率直に言わなければならないということ、そして聴き

> 重要なことは、
> 人が真から
> 話していることを
> 真に聴くと
> いうことです

手は、聴くという姿勢と配慮をもって聴く必要があるということです。

　トーキング・スティックの現代版はマイクです。マイクは多くの場合、他の人を静めるための権力の道具として乱用されます。しかし、この儀式においては、権力としてではなく、電気の力で遠くまで声を届けるために使われます。重要なことは、人が真から話していることを真に聴くということなのです。

　実際のクロージングでは、マイクは私の場所からスタートして回していきます。私は簡単な説明をし、マイクを自分の右側の人へ手渡すことと、マイクを受け取った人は、このオープン・スペースが自分にとってどんな意味があったかや、将来していきたいことを簡単に共有するよう伝えます。また、必ず話をする必要はなく、話をしないという選択をした人は、次の人へマイクをそのまま手渡すように伝えます。

　ここで注意したいのは、トーキング・スティックの儀式は、それぞれのグループのリーダーが自分たちの成果を説明する伝統的な報告会の別名ではありません。私は個人的に、報告会は実用的ではなく、多くの場合、退屈さやフラストレーション、あるいはその両方を生み出すと思っています。報告者が自分たちの主題にふさわしいと思う時間を長くかければ、人々は退屈してしまうのです。また逆に時間が制限されると、報告者がフラストレーションをもちます。本当のところ、報告会はコンファレンスの結果を伝達する方法として、あまり効率的、効果的な方法ではないのです。その役割は、書面化されたレポートのほうがうまく果たします。

　私は、報告会がコンファレンスの結果を共有するための効果的な手段ではないと思いますが、そこには、ポジティブで社交的な利点もあると考えます。ラテン・アメリカの環境でオープン・スペース・テクノロジーを使う、私の仲間のアントニオ・ニュニェズ（Antonio

Núñez）氏は、ラテン系の感性では、各グループのリーダーに敬意を表すためには、最後にスピーチを行う機会が絶対に必要だと言っています。私は彼のイベントを実際にいくつか見てきて、彼の意味することを理解しています。そして、全員がその場を楽しんでいることは疑いの余地もありませんでした。しかし、多くの役立つ情報が伝えられているとはとても思えませんでした。ですから、もしあなたが政治的または社会的な理由から報告会を必要とするなら、ぜひそうしてください。しかし、情報を伝達したいがために報告会を行うならば、書面の報告書のほうがはるかに効果的です。

　トーキング・スティックの儀式は時間がかかります。それは、最近の忙しい人々が費やしてもよいと思う時間以上に、長くかかるものです。しかし、シンプルな話し方と真剣な聴き方で臨めば、過ごした時間を価値あるものにしてくれるでしょう。かかる時間に関してより詳しく述べると、50人から100人ではおよそ3時間かかります。また、人数が2倍になると1時間半多くかかります。

　この儀式では、たとえば1人につき2分といった時間を設定し、時間が来たらベルを鳴らすというようなやり方で、それを守ってもらうことは不可能です。5秒しか話さない人もいれば、まったく話をしない人もいるでしょうし、10分間話す人もいます。すべてがそれぞれ異なり、うまく機能するのです。それは、正確に分割された時間に沿って動くものではありません。

　しかしながら、3時間、またはそれ以上になると、一カ所に座っているのが、苦痛になってきます。足がしびれることはいうまでもなく、少し体を動かす必要が出てきます。しかし、全員が同じ時に、そうした必要性を感じるわけではないため、もしそこで、全体の休憩が宣言されると、それは流れを止めてしまうだけではなく、人々の本当のニーズに応えることもできなくなってしまいます。ですから、私はここで、必要があれば、静かに、そして話をしている人や

聴いている人たちに敬意を払って、席を立つことを人々に勧めます。

　この対応は、一足先にオープン・スペースを終了しなければならない人たちにも同じことがいえます。最終日に、飛行機のスケジュールのために早く帰らなければならないことはよくあることです。終了する前に退場しなければならないことが事前にわかっている人は、スタートの地点に近い場所（輪の右半分）に座るとよいでしょう。そうすれば、順番が早く回ってきますし、時間が来たら帰ることができます。

　マイクが自分のところへ返って来たら、私は、参加者に立ち上がってもらい、彼らが達成したことやこれからしたいことを語ってもらいます。そして、お互いにそれらを承認しながら静かに輪をぐるりと見てもらいます。この時点になると、たいへん形式ばった参加者にとっても、輪は温かい親近感のある場所になっています。それは親密とさえいえるかもしれません。そして、誰もが、その輪を壊したくない、その場から去りたくないと思うようになっているでしょう。しかし、それはこの場でまさにやらなければならないことなのです。シェークスピアの言葉を引用すると、「それはやらねばならぬ、やるならばすばやくやることが何よりである（if it must be done,'tis best it be done quickly）」ということになります。しかも、「意図的に」と私は付け加えたいと思います。少し間を置いてから、私は全員にその場で半回転してもらい、外側を向いて、これから行うことを想像してもらうようにします。このとき、参加者に目を閉じてもらうと、より想像がしやすくなるでしょう。そして、その後、

終わるのです。

トーキング・スティックの儀式に代わるもの

　参加者の数が多い場合や、時間に制約がある場合は、トーキング・スティックの儀式に代わるものが存在します。最もシンプルなものは、改訂版トーキング・スティックの儀式と呼ぶことができるかもしれません。それは、会場を去る時間になるまでまだ少し時間（1時間、1時間半等）が残っていると、宣言することから始めます。そして、自分たちの共通の体験に関する振り返りを共有するよう参加者を導きます。その際、それぞれが話している時に、時間が限られており、他の人たちも話したいことがあるかもしれないということを心に留めてもらう必要があります。また、終了時間が来たら、介入し、声をかけ、適切なクロージングを行うことが重要です。私はここで、その場にいたことを名誉に思い、感謝していること、そして、創り出したばかりの未来において、皆が成功するように祈っていることを伝えます（私は本当に名誉だと思っているのです。私にとって、すべてのオープン・スペースが大きなインスピレーションを得られる場所なのです）。

　そのメカニズムがどう働くのか、あまり確かではありませんが、限られた時間しかなく、その限られた時間が尊重されると、問題がまったくないように思われます。全員が何かを話す機会をもっていなくても、どういうわけか、正しいことが述べられるのです。

　要するに、オープン・スペースを締めくくる唯一の正しい方法は、存在しないということなのです。そして、終わりは必ず来るのです。それを示す方法は、限りなく多くあるのです。ですから、適切なクロージングに関する唯一の判断基準は、シンプルさと、これまでの体験と調和が取れているかどうかなのです。これはある特定のもの、

たとえばリーダーからの独裁的な演説などを事前に排除することを意味しますが、それ以外では、クロージングの可能性は無限に広がります。

オープン・スペースに関する振り返り：メディシン・ウィール

　クロージング・セレモニーにおいて、私が頻繁に活用するものがもう1つありますので、ここで紹介します。これもまた、ネイティブ・アメリカンの伝統に由来するものです。私は、何年かにわたってOSTを実施する中で、オープン・スペースの経験はあまりにも意味深いために、参加者が実際に自分たちが全体を通して何をしたのかを見失ってしまう傾向にあることに気がつきました。その詳細は、レポートに記録されているため、参加者は、詳細について思い出すことはできます。また、印象に残ったことも思い出します。たとえば、アジェンダがどこにも存在しないのを見て、3日間の予定を自分たちで埋めなければならないということを知った時の不可能だという感覚、続いて、1時間半後には全員が関心をもっていたすべてのことを網羅した、非常に複雑なミーティングのアジェンダを構築していた時の驚きの感覚などです。

　しかし、参加者はたくさんのことを見落とすのです。特に、これらのことが組織の未来にとって最も重要なものとなることを考えると、それは良くないことだと思います。参加者が見落とすのは、**リーダーシップ**や、**ビジョン**、**コミュニティー**、そして**マネジメント**といったことです。これらはそれぞれ、オープン・スペースの体験を通して再定義されてきたはずです。たとえば、リーダーシップはオープン・スペースにおいて様々な場所で現れ、ある特定の階層にいる人々に特有のものではないと理解されます。もし、このリーダーシップの新しい定義が組織にとって役立つのであれば、（私はそうだと信

じていますが）それがすでに経験され、「思い出す」というシンプルな行為によって、いつでも再度実行できるという事実を認識することが役立つでしょう。このような「思い出す」準備を行うには、「メディシン・ウィール（Medicine Wheel）」と呼ばれるものが優れています。

　私が現在実践しているやり方は、参加者全員に15分間の振り返りを行ってもらう方法です。それは、起こったこと、あるいはそこで立てられた計画や生み出された内容ではなく、その過程に焦点を当てるものです。つまり、どのようにしてすべてを達成し、また、その過程で人々が気づいたことに、何か今までと違ったことはなかったか、を問うのです。こうした振り返りを促すために、私はネイティブ・アメリカンのメディシン・ウィールの改造版を使います。

　メディシン・ウィールは、その形式や使い方に関して詳しく書かれた本がいくつもありますが、今回の目的においては、これが、すべての個人とコミュニティー（組織）は4つの要素から成り立っているというネイティブ・アメリカンの考えに基づくものだけを知れば十分です。

　この4つの要素は、東西南北の方向で示されます。北の方角は**リーダーシップ**であり、力強い開拓者（trailbreaker）です。進む方向を指し、スピリット（Spirit）を成長させ、進化するための道を切り開きます。それを象徴する動物は鹿であり、色は赤です。次に、東の方角は**ビジョン**であり、空を何よりも高く飛ぶ預言者 (high-flying seer of all) です。その動物は鷲で、色は青です。南の方角は**コミュニティー**であり、すべての人々を1つにする家庭と心の温かさを表します。その動物はネズミです（抱きたくなるようなかわいい、暖かい、フレンドリーなネズミです）。そして色は黄色、太陽の色です。最後に西の方角は**マネジメント**です。ネイティブ・アメリカンが、マネジメントという言葉を使用したかは非常に疑問です

第11章　終了と新たな始まり

リーダーシップ

マネジメント

ビジョン

コミュニティー

が、私はこれが彼らの考えにあったものだと信じています（または少なくとも信じたいと思います）。その動物は熊であり、ベリーが多く実っている場所で働いている姿をよく見かけることからもわかるように、ゆっくりとした、几帳面な、こつこつと働くイメージです。熊は、そんなに胸が躍るようなものではありませんが、コミュニティーの中で生活をしていく上で細かいことを取り扱う時には、最適です。物事を成長させるものを指しています。

　メディシン・ウィールのメッセージは、すべての個人とコミュニティー（組織）にこれらの4つの要素があるということです。最善の状況においては、4つの要素を調和させるバランスが存在します。

それは、すべてが必要で、どれを取っても1つだけでは不十分なためです。しかしながら、実際は、そのバランスは流動的であり、絶えず変化します。時間の経過と状況の変化によって異なる要素が前面に出てきます。今日はリーダーシップ、次はコミュニティーといった感じです。しかし、人々が生き残るためには、全体のバランスが維持されなければなりません。

この要素のバランスは外部的な要因ばかりではなく、内部的な力学 (dynamics) によっても影響されます。たとえば、リーダーシップは常にコミュニティーや心、そして家族を中心に考えている人々（最近の用語ではウォーム・ファズィー〈warm fuzzies〉※な人々）に対して、結局のところ、彼らは何をしているのか？と懐疑的に考えます。

同時に、熊は鷲を見て、「鷲たちが高い所からちょっと降りて来れば、ビジネスとはどういうものかを理解できるのに」と考えます。そして鷲は熊に向かってベリーの木から鼻を引っ張り出したら、これから行く方向を見ることができるかもしれないのにと答えます。それぞれの要素が個別の役割をもっていますが、クリエイティブ・テンション（創造的緊張関係）を生み出す力学を伴っています。しかし、その要素が一体となって機能しなくなると、コミュニティーは失われてしまうのです。

また、メディシン・ウィールには、時計回りに一周する（歩く）という、論理的な手順が存在します。それは、仕事に取りかかるというダイナミズムを提供する、北のリーダーシップから始まります。それから、どの道を通り、どの方向へ行くのか尋ねることが重要になってきます。その答えはビジョンが与えてくれます。そして、一度旅が始まると、誰が来るのかが課題となり、コミュニティーがそれに応えます。最後には、ある特定の秩序がこの旅には必要となり、それは、マネジメントの仕事になります。もし、これらの要素が逆

※ほんわかした気持ちで、心地よく、しっくりとくる感じのこと。

の順序（反時計方向で、マネジメントから始まる）になると、誰が組織化するのか、どの方向へ向かうのか、あるいは、どのような力によって行われるのかをまったく考慮しないまま、すばらしい組織構造だけが創り出されることになります。実際、これは多くのビジネスで行われている方法かもしれません。組織構造が目の前の仕事や人々、そして全体的な目的の上位に位置づけられてしまうと、パフォーマンスのレベルが低くなることは、当然のことなのです。

　私は、このウィールのイメージの洗練されたシンプルさの中に、巨大なパワーを見出します。ある人は、それをマイヤーズ・ブリッグズ（Myers-Briggs）のパーソナリティ・タイプ・インディケーター(personality-type indicator)のように考えるかもしれません。このウィールは、数字的に立証されたものではありませんが、私の知るかぎりでは、歴史の重みと実績を伴うものです。また、オープン・スペースのプロセスとアクションに関する振り返りを意義あるものにするために、参考となる枠組みを提供するという点で、すばらしいものです。メディシン・ウィールの要素は直感的に受け入れられ、かつ明確なため、場面設定をするのに長い説明は必要ありません。実際、メディシン・ウィールやネイティブ・アメリカンのことを聞いたことがない人たちも、ここに書いた説明をすべて行わなくても理解してくれます。

　準備が整ったところで、振り返りのプロセスを開始します。この次に起こることは参加者により千差万別ですが、典型的な質問と応答は、次の通りです。

　あるオープン・スペースの終了時に、私はリーダーシップである北から始め、質問をしました。「オープン・スペースにおいて発揮されたリーダーシップに関して、これまでと何が変わり、異なっていましたか？」その質問の後、長い沈黙があり、参加者の顔には困惑した表情が浮かびました。それから、1人の参加者が言いました。

「あなたもご存じの通り、私はリーダーシップを感じた覚えがありません。少なくとも、私が今まで慣れ親しんできた類のものにおいては出会いませんでした。私たちに、何を行い、またそれをいつするかについて指示した人はいませんでした。私たち全員が主導権をもち、そしてそれぞれの人が、それぞれの場面において、その場を先導していました」。私はその声の調子から話し手がかなり失望していることがわかりました。彼は、彼の期待していた独裁的なリーダーがまったく存在していなかったことに失望したのです。そこで私はこう尋ねました、「ところで、物事はうまく運びましたか？」その答えは、「たいへんうまくいきました。実際、いつもよりうまくいきました」というものでした。そこで、私は続けて、「あなたはそれがよかったと思いますか？」と聞きました。すると、思慮深い沈黙があり、「はい、それはたいへん気持ちよく、協力的で、そして不思議なことにやりがいがありました」という答えが返ってきました。そこで、私は最後の質問をしました。「あなたはもう一度それをしたいと思いますか？」すると、今回は躊躇なしに「はい」という答えが返ってきました。

　リーダーシップについては、これですべてです。リーダーシップの効果的なモデルに関する長い講話はまったくなく、シンプルに何があったかを確認しただけです。シンプルな振り返りにより、リーダーシップの新しく、力強い形態の実現性と、参加者がすでにそれを実行したという事実が明らかにされたのです。それについて語るよりも速く、参加者は基礎を身につけ、経験を自分のものにしていたのです。ですから、その時点になっては学ぶことは何もなく、これ以上できることはありませんでした。

　次に、時計回りに進み、ビジョンの鷲に移動しました。そこで私は次のように尋ねました。「ここでいつもと違っていたことは何ですか？」すると、1人の参加者がすばやくシンプルに、「それが、本

当に起こったことです」と答えました。私が彼女に、どういう意味なのか尋ねると、彼女は次のように説明しました。「人々が壁に貼った議題はすべて、未来のビジョンと彼らが進むべき方向を客観的に明示していたように見えたのです」。彼女は、壁に貼られた議題の多様性と豊かさに驚くと同時に、アジェンダができあがってから、議題が検討されるプロセスに驚いたのです。また、そのプロセスが急速に進み、「ビジョン・ステートメント（vision statement）」が参加者の取り組みを導く上でいかに効果的であったかについて特に驚いたのでした。それから彼女は、最近その会社が実施し、終了したばかりのビジョン・エクササイズとその一連の流れを比較しました。ビジョン・エクササイズでは、何カ月もの期間と長時間におよぶ委員会のミーティングを行った末、数人が読むだけで、誰も気に留めない中身のない文章ができただけでした。彼女はその違いを、「自らの情熱があったことだと思います」と述べました。ビジョンについては、これ以上のことがいえるでしょうか？情熱がなければ、ビジョンを実現しようというモチベーションが高まる見込みはほとんどないのです。

次は南のコミュニティーです。「ここでは何がいつもと違っていましたか？」と私は尋ねました。すると、一連の合併と買収の後で会社を再度方向づけし、チームを再構築するためにオープン・スペースを使用したシニア・マネジメント・チームのメンバーの顔に微笑みがゆっくりと広がりました。そして、彼らは次のように答えました。「私たちは当初、この部屋にいる誰もが、弱虫か、ろくでなしかのどちらかだと確信していました。しかし今は、ろくでなしという判断は正しかったとしても（冗談）、弱虫など、まったくいないことがわかりました。そして、私はここに参加している全員のことが好きです」。気のなさそうな誉め方でしたが、文脈においては、その一節にはハートや花、そして愛の言葉のすべてが含まれていまし

た。コミュニティーの特性に関する何かが認識され、承認されたのです。そして、それはいつものビジネスのやり方ではなかったことは確かです。

　最後は西の熊、マネジメントです。「ここでは、何がいつもと違うと思いましたか？」と私は尋ねました。その答えはすばやく、要領を得ていました。「私はまったくそれに気がつかなかったし、実際にそれについて話しませんでした。すべてのことがいつの間にか済んでしまったように思えます」。この答えは完全に要点を突いていました。リーダーシップが道を切り開き、ビジョンが方向を示し、人々が一体となれば、マネジメントは正しい場所に納まるのです。あるいは、少し別の言い方をすると、マネジメントの問題などはほとんど存在しないのです。問題はたいていリーダーシップや、ビジョン、またはコミュニティーの中にあるのです。私は、これ以上うまく話すことはできないだろうと思いましたが、これ以上話す必要もありませんでした。全員がすでにそれを深く理解していたのです。

第 12 章
二次的な利点とフォローアップ

オープン・スペース・テクノロジーを実施すると、このアプローチがグループの機能性と創造力を高め、直接的な最終成果を生み出すものであることが立証されるため、参加者のOSTに対する関心が高まります。通常に比べ、わずかな時間と予期していたよりもはるかに少ない予算で、複雑なミーティングが運営、実施され、そして結論が出されるのです。しかしながら、これらすべての利点はOSTがもたらす付加価値のほんの一部でしかありません。OSTの最も注目すべき二次的な利点は、参加者が中心的な貢献をすることなのです。

インスタント・オーガニゼーション～もう少しで～

　組織をまとめるということは、実にたいへんな仕事であることは明白です。それは、組織マネジメントに関して書かれた数多くの書籍や、その命題に多くの時間が費やされてきたことに裏付けられています。しかし一方で、私は、この事実が示していることよりも、さらに多くのことが隠されているのではないかと考えます。組織をまとめることがたいへんな仕事であるのは、私たちがそういった選択をしているからなのではないかと思うのです。

　組織の問題は、そこに所属する人々が自分のやりたいことを明確に理解し、それを達成したいと願うとき、溶けてなくなるように思えます。逆に、何がしたいのかがはっきりしていない場合や、仕事に情熱がない場合は、組織の問題は終わりなく存在するように思われます。また、そういうときは、その問題を解決しようと努力すればするほど、かえって悪化してしまうような気がします。

　では、そういう場合はどうすればよいのでしょう？私は、オープン・スペース・テクノロジーはその答えの1つだと思います。多くの人々は、初めてOSTを見たり聞いたりした時、構造がなく、そのため組織性に欠けたものだと考えます。しかし、その認識は事実

からまるでかけ離れています。第1章で紹介した15億ドルの会議を例に取りましょう。この会議では、わずか2日間で、絶望的な状態の225人の参加者が50以上のタスクを同時にやり遂げ、150ページにもわたるレポートを作成しました。これは、構造や組織なくしては起こり得なかったことでしょう。また、それぞれのセッション・グループには議長が存在し、場所と時間が設定されていました。すべてが組織化されていたため、適任者もしくは、その代表者がタスクに参加することができたのです。そしてたった2日間の間にレポートが作成され、かつ印刷されました。これこそ組織といえるでしょう。しかし、それをまとめ上げるために何カ月もの時間は必要ありませんでした。それどころか、1時間もしないうちに何の苦労もなく、すべては組織化されたのです。実際、その時間を楽しかったという人さえいました。

　この会議では、組織は要求された課題に取り組みました。しかし、もし必要であれば、この組織が引き続きその取り組みを行い、たくさんのことを達成することもできたでしょう。たとえば、会議の目的が、目の前にある問題（15億ドルを新しい道路のために使用すること）に向け、最高の知識を引き出し、最善のアプローチを生み出すことだけでなく、今後新たに浮上してくる運営上の問題に対処し、進捗状態をチェックすることでもあったと仮定しましょう。もし、そういったより大きな目的をもっていたのなら、会議の参加者によってその場で創り出された組織構造は、その後の取り組みの第一歩になったことでしょう。なぜなら、参加者は主要な議題を明らかにし、その議題に関心をもつ人々（議長と参加者）を引き合わせたからです。もちろん、これらすべての議題が、持続するものではありません。また、すべての人たちが参加し続けることを望むわけでもありません。しかし、少なくとも第一歩になるのです。

　目的が鮮明であり、関心が高い時、綿密な組織構造を創り出すこ

とは非常に簡単です。その結果できた組織は、まさに有機的で、そこに参加する人々の目的と関心から文字通り成長していきます。それはもしかすると驚くほど複雑かもしれませんが、人々が選んだタスクに関連しているため、参加した人々にとっては機能します。また、もしその組織が機能しない場合は、それを改善する機会と責任が参加者にあります。それは、最初の例で成功したように、迅速かつ簡単に実現できるのです。しかしながら、水が濁っている場合は、それをいくらかき回しても水を透明にすることはできません。そのようなときは、組織化は非常に難しい取り組みとなるのです。

アドバンスド・ヒューマン・パフォーマンス～今～

　私が知るかぎりでは、民間の組織、公的機関、また非営利団体も、今や人々のパフォーマンス・レベルを強化する手段を探すのに必死です。この動きは卓越性を追求する（a search for excellence）ものでもありますが、ほとんどの場合はコスト削減や利益追求、もしくはサービスの増加を目的としています。もちろん、これらすべてが卓越性につながらないというわけではありません。しかしながら、人々のパフォーマンス・レベルを向上させるにあたって、利他的な事由は基本的なモチベーションとはならないのです。モチベーションを強めるのは、もっと基本的な、生き残ること（survival）なのです。ですから、上述したような目的は、モチベーションを高めるには、取るに足りないものとなります。

　必要とされる様々なアドバンスド・ヒューマン・パフォーマンスは、エンパワーメント、自己管理ワークチーム、シェアード・リーダーシップ、曖昧性と多様性の管理、サポーティブ・コミュニティー、チェンジ・マネジメントなどの下に現れてきます。これらの崇高な目標を達成する研修プログラムに費やされる金額を計算すれば、そ

の重大性は疑いの余地もありません。

　私は、これらのアドバンスド・レベルのパフォーマンスを達成するために行われている多くの努力をやめることを勧めるわけではありませんが、これらの努力の結果に対し、いくらか落胆していることを告白せざるを得ません。というのも、エンパワーメントに関するセミナーや研修プログラムにいくつか参加し、これらのセミナーや研修によってエンパワーされる唯一の人物は、ファシリテーター本人だけであるという結論に至ったからです。それは、元々の目的や、ファシリテーターが予期した結果ではないことはわかっています。しかし真実は、もし私があなたをエンパワーしたら、あなたは私のパワーに包まれてしまうのです。

　しかしながら、新しい用語や関連したプログラムの多くは、古いルールで新しいゲームを行うようなものであり、どのように表現されているにしろ、底辺に見えるのは、変わらず「コントロール」、「どのようにコントロールを達成するか」です。時折、チェンジ・マネジメントに取り組んでいると、こうした考えをもつこともあるでしょう。そして、変化を**管理**できると思わせるような現実も目の当たりにするかもしれません。しかしながら、私の立場からいうと、少なくとも、良いマネジャーと呼ばれてきた人が考える従来の「コントロール」という意味では、私たちがこの瞬間に体験している様々なチェンジを「コントロール」することはあらゆる人の能力を超えているのです。

　昔の人々は、良いマネジャーが良いプランを作り、そのプランに従い、そしてプランを達成してきたのを見てきました。しかし、この一連の行動は、コントロール一

> もし私があなたを
> エンパワーしたら、
> あなたは私のパワーに
> 包まれてしまいます

色に染まっていました。多様性、または複雑性のマネジメントについても、同様のことがいえるかもしれません。私は、ついにどのように組織を運営するかについて、いくつかの新しい思考法が存在することを理解する時が来たのだと思います。それは、私たちがかつて良いと考えた、またはそうしていたかもしれない、「コントロールを基盤とするもの」ではない思考法なのです。

オープン・スペース・テクノロジーに話を戻すと、参加した人々に関する驚くべき発見は、求められるアドバンスド・ヒューマン・ビヘイビヤー（行い）が、**すでにそこに存在する**ということです。

まずエンパワーメントについて考えてみてください。オープン・スペースでは、開始してから1時間も経たないうちに、参加者の全員、もしくはそのほとんどが不可能だと感じていたことを達成してしまいます。非常に多様なルーツや視点をもつ大勢の人々が、多数のセッションを並列して行う数日間のプログラムを開催し、特別な研修プログラムやファシリテーターの集団などなくして、その期間、自己組織化するのです。このように不可能だと「理解」していることを参加者がやり遂げること、それはエンパワーメントといえるでしょう。

では次に、自己組織化されたワークチームについて取り上げてみましょう。今日まで、何百万ドルというお金と多くの時間が、こうしたワークチームを開発することに費やされてきました。しかし、オープン・スペースでは、その開始からすぐに人々が自己組織化し始めます。そして、それは、人々がそうすることを選ぶため、持続するのです。

先ほどのリストに沿って続けていきましょう。シェアード・リーダーシップのビジネスについてはどうでしょうか？このことは私に、あるラテン・アメリカの社長のことを思い出させます。彼はオープン・スペースの途中で、以下のように述べていました。「もし、

誰かがこの会場に入ってきて、参加者の行為を観察しても、誰が『大ボス』なのかまったくわからないことでしょう」。このプログラムでは、あらゆる階層の人がリーダーシップを発揮しており、その形は議題によって、常に変化していたのです。そしてこのすべてが、階級的で、トップ・ダウンの企業風土をもつ会社の中で起こったのです。「マッチョ」というような支配的な言葉が生み出された地域でそれが起こるならば、それは世界中のどこでも起こり得ることでしょう。

　私は、オープン・スペースがどのように、あるいはなぜ、通常期待される行動の基準（少なくとも社会通念によって確立された基準）から人々を逸脱させるのかについて、はっきりとは理解していません。しかしながら、その逸脱は毎回起こるのです。それは、世界中のどこで OST を行おうと、また学歴、文化、地位、経済、そして民族など、多様なバックグラウンドをもつ人々が集まったグループに対して実施しようと、OST を使用するたびに、毎回起こるのです。もしかすると、いつかはそれが起こらなくなる日が来て、私たちは新しい何かを学ぶかもしれません。しかし、当分の間は、アドバンスド・ヒューマン・パフォーマンスはオープン・スペースにおいて予期され、毎回当たり前のように起こるのです。また最も驚くべきことは、それが起こっている時に、あたかもそれが当たり前にみえることなのかもしれません。ある人は、未来に関して、「私たちはすでにそこにいる」と言うかもしれません。

　しかしここで、ある疑問が出てきます。私たちがすでに達成したことをどのように価値のあるものとし、そのインパクトをどのように組織のあり方の他の側面に移行できるでしょうか？人々をアドバンスド・ヒューマン・パフォーマンスの高みへ連れていくことについて、私の知り得る最良のプログラムは、その理想の状態について描写することから始まります。その後、多分に参加者を旅路へと導

くことになる一連の演習を行います。通常、この時点でプログラムは終了し、参加者は、登らなければならないオリンピック並みの高さのイメージを描き、登っていくためにいくつかのツールが必要であることを理解し、終了します。また彼らは自分自身で実践するように伝えられます。より良いプログラムでは実践ガイドが提供されますが、そこまですれば、もう十分でしょう。

しかし、上記のことすべてをオープン・スペースによって生み出される状況と比較してみてください。オープン・スペースで生まれる質問はおそらく、「人々はそれをできるのか？」「人々にそのスキルがあるのか？」「それをすべきなのか？」といったものではないでしょう。なぜならオープン・スペースでは、彼らはすでにそれをしてしまっているのです。それでは、彼らはそれをもう一度、より上手に行いたいと思うでしょうか？この質問は、次のような懸念を生み出します。私たちはどのように、人々がすでにもっている経験を認識し、そこから学び、そしてそれをより高める手伝いをすることができるのか？これには、理想的なモデルを示したり、それを達成したりするための演習をデザインする必要はありません。この段階まで達した場合、適切な学習方法は、前述した**リフレクション（振り返り）**ではないかと私は思います。

第 13 章
次の段階へ向けて

オープン・スペース・テクノロジーの歴史はまだ始まったばかりです。8年の間、そのほとんどが開発に費やされてきたにも関わらず、オープン・スペース・テクノロジーはベータ・テスト※をパスしたばかりなのです。現在では様々な組織の中で多くの体験がなされており、本質的に異なる人々を巻き込み、複雑で議論を呼ぶような繊細なタスクにおいて、うまく機能することが明らかになっています。しかし、今日までのOSTの進歩が重要であると思われる一方で、それは氷山の一角でしかないように思われます。OSTが役立つ可能性があるさらなる領域を発見すると共に、いつ、どんな場面で、OSTが適切でなくなるのかをより正確に理解するためには、まだまだ膨大な量の研究が必要なのです。ですから、「次の段階に向けて」すべきことの1番目の項目は、研究だといえるでしょう。

オープン・スペース・テクノロジーの研究

オープン・スペースは、今や地球規模の現象です。少数の限定された人々のための特別なものとして始まったものが、今では幅広く使われるものとなりました。現在では、オープン・スペースのほとんどは、私とまったく面識のないファシリテーターによって行われており、それは本当にすばらしいことだと思います。こうしたことの良い側面は、たくさんの経験が積まれ、OSTが日々成長しているということです。しかしその反面、その本質やすべての経験について、私も含めて、誰も正確に理解していないという悪い側面もあります。

様々な用途や使用者が増えるに従い、積極的な研究の機会と必要性も高まります。その研究は、OSTがどのように、なぜ機能するのかということにとどまらず、質問は尽きることがありません。私は疑念もありますが、私たちはまだまだ深い地点に行けると思って

※ β〔ベータ〕テスト。製品を市場に出す前の最終的なチェックのこと。

います。

　また、長期的には何が起こるのかという質問もあります。オープン・スペースのインパクトが長い時間にわたって継続するということが、もしあるとすれば、それは何でしょうか？私が、「一般的な組織」にオープン・スペースを提供するようになったのはここ数年の話で、1989年からになります（ここで、一般的な組織と表現したのは、「オープン・スペース体験」のために集められた特定の人々ではないという意味です）。それ以来、様々なタイプや規模にわたるたくさんの組織が、この実験に参加してきました。今や十分な時間が経ち、おそらく長期的なインパクトを検証するうえでも役立つと思われる、この幅広い体験を振り返ることが可能になったかもしれません。オープン・スペースが町にやって来たことを覚えている人はいますか？また、もし覚えていたとしたら、それにはどんな利点がありましたか？

　より深いレベルの質問には、新しく、あるいは少なくとも新たに現れたように見える、ヒューマン・ビヘイビアー（human behavior：人の行動）のいくつかの側面について考えさせるものがあります。私はここで、集合的意識の現象としか表現できないことについて、特に触れたいと思います。この概念は大昔から存在しますが、私たちの世界が、個人主義的な傾向であるがゆえに、それを無視するような選択が行われてきました。グループ・ビヘイビアー（behavior of the groups：グループの行動）に関する研究でさえ、個人的行動（individual behaviors）の集合の研究としてみられてきました。しかしながら、オープン・スペースにおける経験から、そこには何か他のものが働いていると思われます。服を脱いだ女性に対する人々の反応を思い出してもらえば（第9章参照）、確かに各個人がその一部に貢献している一方で、全体の組織化は、いかなる個人をも超越したレベルで起こっていたことを認めざるを得ないでしょう。ま

た、私はその場を「管理」していたにも関わらず、それは確かに私のレベルを超えたところで起こっていました。

　また、こうした疑問は、見方を少し変えると、議題の紙が壁に貼られるのに従って現れるセッションの紙を貼る行動のロジックからもわいてきます。一見、壁上に自分の関心事を掲示するそれぞれの個人的な行動は、完全に無作為で、より大きな視点や論理と何らつながりがないように見えます。しかしながら、私の南アフリカの友人であるアンドレ・スピア（Andre Speer）は、それを否定しました。彼は、そのプロセスを思い出してみると、いつ紙が貼られるかだけでなく、どこにそれが貼り付けられるか（高い場所、低い場所、中心）に関してもロジックがあると指摘したのです。アンドレがそれを指摘して以来、私は何度も繰り返し、それが立証されるのを見てきました。もし、これが完全に無作為のものであれば、それは私が見たこともない最高に不思議な無作為といえます。

　特に有益な、もう1つの研究分野は、オープン・スペースをファシリテートするために、ファシリテーターがいかにうまく準備を行うことができるかというものでしょう。ファシリテーターの役割に関しては、フォーカス、存在（presence）、そしてコントロールの解放がいかなる用途においても成功する指針となることを私は確信しています。もし、ファシリテーターが明瞭であれば、結果もはっきりしたものとなります。もし、そうでなければ、結果もそうでなくなります。しかし、これはファシリテーターが準備を行う最善の方法、または、おそらく複数存在する最善の方法とは何か？という質問に答えるものではありません。私は自分にどんな方法がよいかを知っていますが、時と場合によっては、私自身にも異なるアプローチが機能することを実感しているため、他の人たちは、多様なニーズをもっているに違いないと考えます。それでは、何がオプションであり、何が代わりとなるのでしょうか？この研究は、今始まった

ばかりです。

その他の適用

　戦略プランニング、紛争の解決、マーケット・リサーチ、商品開発、多様性、そしてまた、さらに多くの特定のビジネスや組織の分野に、オープン・スペース・テクノロジーが大きな影響を与えることができるという証拠は、ますます増えています。私はこれらの事例のいくつかに触れてきましたが、ここでさらなる例として、マーケット・リサーチと商品開発を興味深い形で関連づけた適応例をご紹介します。

　数年前、私が組織の再設計の一部としてOSTを使用した際、そのクライアントは、顧客と一緒にそのプロセスに参加することを決定しました。この組織は、金融を含む様々な業界に対して、大きなシステムを創り出すソフトウェア事業に携わっていました。何年にもわたって、この組織は、顧客に新商品を紹介するためにワインや食事を振る舞うユーザーズ・コンファレンスを開いていました。その顧客に対してOSTを使用する提案は、企業全体をよりインタラクティブにし、直接参加型にする必要性からもち上がってきました。

　顧客は、この組織の社員と共に「金融業界におけるソフトウェア・アプリケーションの課題と機会」というテーマで、丸一日のオープン・スペースに参加するように招待されました。そして、顧客により、関心事項が壁に貼られるに従い、その究極の効果は、新しい注文に関するマーケット・リサーチであることが急速に明らかになりました。参加者は彼らが「真の情熱」をもつ関心事を識別し、貼っていたのです。そして、すぐに壁はいっぱいになってしまい、それからビレッジ・マーケットプレイスが始まりました。予想通り、顧客と社員は自分たちが関心をもつ分野に申し込みました。そして、

顧客と社員が一体となったチームが、議題に取り組みました。「顧客と密接に関わる」とはまさにこのことだったでしょう（ありがとう、トム・ピータース＜Tom Peters＞）。

このケースにおいては、議題に取り組むことが、新製品という結果につながるかもしれないシステムを共同開発するという、かなり特別な取り組みとなりました。また顧客がアーキテクチャ（システムデザイン）を描き、コードについて多少述べたことにより、物事はさらに明らかに特定化されました。休憩の時には、私のクライアントである年配のメンバーは、「魚のつかみ取り」のような状態になったと言っていました。顧客がその場にいることにより、顧客を見失うことがなかったのです。そして何よりも、顧客がたくさんの仕事をしてくれたのです。

私の知るかぎりでは、その日の活動に関する共同のフォローアップはありませんでした。私はいつもそれが無駄だと思っていました。マーケット・リサーチや製品デザインの大半が、顧客によって行われているのを想像してみてください。前もって需要を確保できることは事実上保証されます。そして、その製品が最終的に完成した時、最高の販売員はそれをデザインした人たちであり、その人たちは同時にそれを購入し、使用する人たちなのです。これは、まさにスマート・ビジネスと呼べるでしょう。

組織的介入のツールとしての
オープン・スペース・テクノロジー

OSTはミーティング管理ツールとしてよく機能しますが、前章で述べたように、アドバンスド・ヒューマン・パフォーマンスの分野において特に効果を発揮するアプリケーションです。その使用は、個人個人が参加し、自分たちの責務を果たすやり方を強化すること

＊ラーニング・オーガニゼーション（学習する組織）とは、MIT（マサチューセッツ工科大学）のピーター・センゲ氏が提唱した概念、経営手法のことで、それに関する研究と実践が、現在も世界規模で進められている。環境の急激な変化が生み出すさまざまな問題に対応するために、企業内外の状況を構成している諸要素の複雑な相互作用を把握する力を養い、組織メンバー→

に、よりねらいを絞っています。またOSTは、より幅広い組織的インターベンション戦略の一部として付随的に使用することもできます。OSTがラーニング・オーガニゼーション（学習する組織）※へと跳躍する可能性は特に興味深いものです。

最近では、ラーニング・オーガニゼーションは、ビジネス用語の一部となり、それが何であり、何をするのかに関して不明確になってきました。また、最近の会話の多くは、ラーニング・オーガニゼーションを大学と企業の両方の側面を組み合わせたハイブリッド組織のように示しています。その要旨は、拡張トレーニング・コースを提供するものです。しかし、私は、企業と大学が新しいラーニング・オーガニゼーションへの取り組みを先導して行う場合、ラーニング・オーガニゼーションの有効期間はかなり短くなり、あまり良いものではなくなってしまうと考えています。新たに浮上してくる世界と、それに対して私たちが対処できるようになることを可能にするような深遠な学習に関することになると、現時点では、インスティテューション（学会、研究所、協会）も特に信用のおける存在となっているようには思えません。大学は、優れており、役に立つ存在として、過去の主導者としてその力を発揮してきました。そして、企業は不戦で現在の主導者とされてきました。「不戦で」といった理由は、本来主導する立場にある政府に意思や能力がないように見えるためです。では、誰が、また何が、未来の主導者となるのでしょう？

私は、ラーニング・オーガニゼーションをその候補に挙げたいと思います。

私が理解するかぎり、ラーニング・オーガニゼーションは人生のあり方や、この世界でうまくやっていくスタイルなどに重点を置くインスティテューションではありません。詳細なことに取り組む形や構造をもっているかもしれない一方で、それは常に新しい構造を

→ のコミットメントと創造性を高め、チームや組織として個々人の力を結集するスキルを養うことを目指した概念、経営手法のこと。（ヒューマンバリュー）

生み出し、古いものを越えていくのです。今私たちは、私たちの多くが学習に関して学校で学んだこととは対照的に、学習とは決して先生が教え、生徒が学ぶといった受動的なものではないことを知っています。学習とは積極的なばかりでなく、インタラクティブなものなのです。

ラーニング・オーガニゼーションもまた、定期的に、周囲とダイアログを通して関わっていく、インタラクティブなものであり、成長や進化のような場が引き起こす、混沌としたチャレンジを受け入れるものです。そして、これが学習といわれるものです。このようなオープン・システムにおいて、以前に考えられていたようなコントロールは不可能であるばかりか、望まれないものとなります。しかし、私たちが主導権をもっているという作り話を守るために、変革はコントロールできるものであり、変革に関する扉と窓を閉ざすような働きが生じます。そうして、学習を妨げてしまうのです。

ラーニング・オーガニゼーションは、ただぼんやりしたものとか、一時的な空想、良いアイデア、または良い感触といったような意味の組織ではありません。それは中心（center）とフォーカス（focus）をもっています。そこには根本原理と目的があり、それらは構造的または機械的という言葉よりも、オーガニック（organic：有機的）、または生態学的という言葉で表現されます。

ラーニング・オーガニゼーションは組織の新しい形態なのです。それは、私たちが自分自身を見つけ、変革する世界に高度に順応し、またそれを可能とさせるものなのです。

そのような組織が役立つと実感できる核心をついた質問は、次のようになります。私たちは今の状態からその状態まで、どのようにすればたどり着くことができるのでしょうか？私の見解では、そこに直線的な開発アプローチは存在しません。というのは、そうしたアプローチは私たちがすでにもっているものをより多く、より良く

プロデュースするのにとどまってしまうからです。そして、それがまさに現在の課題なのです。またさらなる問題は、私たちには、組織とは何であって、どうあるべきかということについて既存の概念があまりにも深く埋め込まれているということです。コントロールを手放した時にやって来る人生は、私たちの想像を超えるものです。そこで、私たちは本質的で変化しないと考えられているものの妨げとならないように、変革を段階的に乗り越えることで、新たな現実への道をコントロールしようとする自分たちを見いだします。私たちは古い現実の中で新しい言葉を使用し、あるいは、新しいゲームを古いルールで行うため、さらに恐ろしいことになってしまいます。それは、機能しないばかりか、混乱し、後ろめたく、そして何かだまされたような気持ちになります。そこで結局、私たちはよくベストを尽くすといいませんか？まったくその通りです。しかし、ご存じでしょうか？私たちの方法では、あなたは現在の状況から目指す状況までいくことはできないのです。

　インタラクティブなラーニング・オーガニゼーションという望まれる状態と、現在の状態の間に、極端で非直線的な非連続性が存在します。この非連続性はある跳躍を必要とします。そして、その跳躍が不幸にも、私たちを見知らぬ場所へ連れていってしまうのです。私たちは今までこのような状態になったことがありません。私たちが成功するという保証はありませんが、1つだけ保証できることがあります。それは、私たちが今すでにやっていることを、より多く、より良くするというやり方では、成功することはないということです。

　小規模で、現実的であり、プロセスの全体を体験することが可能ならば、必要な跳躍をすることは、はるかに容易となるでしょう。私は、OSTがクリティカルな役割を演じることができるのはまさにここだと信じています。オープン・スペースにおける私の経験に

よると、私たちはすでにそこに到着しています。残されていることは、その事実を認識し、すべての利点に向かって飛び込む方法を学ぶことなのです。

ノン・コンクルージョン（結論なし）

　オープン・スペース・テクノロジーによる効果は、1回かぎりのものや、偶然の産物ではないことを主張するのに十分なほど、今日まで数多くの状況において実証されてきました。また、多くのプラクティショナー（実践者）が成長するにつれ、そのテクニックの応用性と効果に関する幅広い一般的なレベルを容認しながら、その成果を比較することが可能になりました。また、この領域に関する早期の結果報告は、たいへん良い成果を生み出しつつあるといえます。異なる人々によって共通のアプローチを行使することは、比較可能な成果を生み出します。それは、現時点までとてもうまくいっています。

それから、長期的なインパクトに関する成果もあります。OSTは今や 8 年の歴史をもっている一方で、丁寧な研究は何もされていないことも事実です。実施される前に基準となるようなデータが設定されていなかったのです。これまで集められたデータは、プラクティショナー自身により収集されたおり、ストーリーでしかありませんでした。また、長期的なインパクトを評価するために重要なことである、現場に戻るという努力が、まったくされてこなかったのです。OST には、まだまだ研究すべきことがたくさん残っているのです。

　別の時代の別の場所では、慎重になることを心がけ、すべての結果が出そろうのを待つほうがよかったかもしれません。しかし、私の生まれつきの短気な性格と、OST が断片化した狂った世界において、本当に機能し、本当に良いこととして現れるという確信が深まったことにより、次のような結論に私は突き動かされました。それは、アクション・リサーチが唯一の道であるという結論です。ですから、皆さんもぜひ OST を試してください。そして、考えてください。その上でもう一度やってください。そうすれば、さらによくなるでしょう。そしてどうか、私の活動に参加してください。

ハリソン・オーエン氏によるオープン・スペースに関する著書

・Expanding Our Now: The Story of Open Space Technology
(1997年　Berrett-Koehler Publishers　＄24.95)

　オープン・スペースに関する新しい、非常に優れた手引き書。『Open Space Technology: A User's Guide（原題）』（邦題『オープン・スペース・テクノロジー　～5人から1000人が輪になって考えるファシリテーション～』ヒューマンバリュー出版、2007年）と併せて読んでいただくとよいでしょう。

　本書は、OSTとは何か、またそれが、ミーティング・マネジメントのプロセスとしてどのように発展したのか、そして、なぜ、どのように、世界中でオープン・スペースが機能しているのかについて探求しています。本書はケーススタディと共に、歴史的な背景を説明し、なぜ、そしてどのようにオープン・スペースが機能するのかについての疑問について深く掘り下げます。

・The Spirit of Leadership: Liberating the Leader in Each of Us
(1999年　Berrett-Koehler Publishers　＄15.95)

　どの企業でも、激しく変化していく環境に対応することのできる、影響力、カリスマ性、コントロール力を備えたリーダーを探す努力が、無駄に終わっています。オーエン氏は、このように、リーダーを見つけることができないことは、見当違いの期待による結果であると提言しています。今日の世界では、組織のあらゆる階層からインスパイアされたリーダーシップが求められています。著者が示している根本的な気づきとして、どの組織にとってもスピリット（spirit）が最も重要な要素であり、またリーダーシップこそがそのスピリットのためのスペースをオープンにするのです。そしてそのスピリッ

トは、パワフルで生産的な方法を生み出すのです。

　本書は、すぐに使える実践的なステップを提供しています。このステップを活用すれば、どのポジションにいようと、あなた自身のリーダーシップのキャパシティーを広げる糸口を見出し、組織のパフォーマンスを拡大し、個人的な充実感を見つけることができるでしょう。

・Power of Spirit: How Organizations Transform
（2000年　Berrett-Koehler Publishers　＄19.95）

　個人の中で意識がわき起こるように、組織の中でもそれは同じように起きています。人々の中にあるスピリットが形づくられ、変革するとき、彼らは強く、集中し、そして活気に満ちます。そしてすばらしいことが起こるのです。しかし、スピリットが低下しているときは、何も起こらないように見えます。著者は本書で組織の中のスピリットと意識を明らかにし、そして、一見破滅に向かっているように見える組織の仕事において、明日への不安がある人々に、実践的なヒントを提供します。ミーティング・マネジメントのツールとして広く使われている『Open Space Technology: A User's Guide（原題）』（邦題『オープン・スペース・テクノロジー　～5人から1000人が輪になって考えるファシリテーション～』ヒューマンバリュー出版、2007年）が幅広い分野で知られた今、オーエン氏はより深い応用と密接な関わり合いを提案します。典型的なオープン・スペースを使った「すばらしいミーティング」において体験されてきたことが、どのように1年で365日のリアリティとなるのかについて説明します。

オープン・スペース・インスティテュートについて

オープン・スペース・インスティテュートにぜひ参加してください！
　もし組織の今のやり方が集合的なエネルギーを弱らせていると感じたら、オープン・スペースをさらに発展させるために、オープン・スペース・インスティテュートに参加してください。

ラーニング・コミュニティーを創造している
自分自身が人生に望むものをつくり出す能力を生み出している
職場でのクリエイティビティを増加させている
そして、それをすることを楽しんでいる！

オープン・スペース・インスティテュートとはなにか？
　オープン・スペース・インスティテュートとは、以下のようなスペースを提供する、ラーニング・コミュニティーです。

　・相互的なサポートとコネクション
　・メンタリングとメンターを受ける
　・学習と研究

　1985年以来、オープン・スペース・テクノロジーは自由に使われてきました。誰かに所有され、特許料が課せられたことは一度もなく、必要とされるところで利用されてきました。しかし、そこには、経験を共有し、ナレッジを高めていくことの責任も伴います。オープン・スペースはもはや、限られた人々によって行われる、奇妙なものではありません。その効果を実証する十分な経験が、世界中の何千という人々によって行われてきたのです。そして、これらの経験を共有し、オープン・スペースを発展させることが、このイ

ンスティテュートの趣旨なのです。

どうか、オープン・スペース・インスティテュートの発展にご協力ください。

ハリソン・オーエン　1997年冬

新たな焦点となる分野
- オープン・スペース・テクノロジーのファシリテーションに関する**教育**
- 自己組織化システムに関連する**出版情報**（書籍、ビデオ、マルチメディア、不定期な刊行物）
- オープン・スペースの使用と効果に関する**研究**：なぜ機能するのか、いつ使用するのか、その効果をどのように持続させるのか。
- ウェブ、研究結果の共有、会話やネットワーキングのサポートを通しての、**学習の情報交換**
- ヘルスケア、教育、コミュニティー開発など、幅広い分野のコミュニティーをサポートするための**スペシャル・プログラム**

さらなる情報は、こちらをご覧ください
- メンバーシップ、オープン・スペース・アクティビティー、イベントなどについてのさらなる情報は、以下のウェブサイトをご参照ください。

http://www.openspaceworld.org

なぜ参加するのか？（特典）
1. 自己組織化システムの可能性を探究しているコミュニティーのメンバーになることができます

2. 実施結果を発表する場を提供します
3. 出版物の割引が受けられます
4. ご自身の名前や情報などをウェブサイトに掲載できます
5. 独自の小さなステップで世界に変化を与えるために、独自の力を発揮し、コミットする人々でつくられている、学習とアクションのコミュニティーのメンバーに加わるチャンスとなります

■著者について

ハリソン・オーエン（Harrison Owen）
H.H.オーエン・アンド・カンパニー（H.H.Owen & Company）の取締役社長。自然と神話の働き、儀式そして文化を中心とした研究とトレーニングに取り組む。1960年代半ばには、小さな西アフリカの村落、アメリカ合衆国とアフリカの都市活動のコミュニティー組織、平和部隊、地方の医学プログラム、国立衛生研究所（U.S.National Institutes of Health）および復員軍人局（U.S.Veterans Administration）などの様々な組織や取り組みに従事するために学会を去る。その過程で、神話、儀式および文化に関する研究がこれらのソーシャル・システムに直接適用できることを発見し、1977年に変革における組織文化（the culture of organizations in transformation）を探求するために、研究者および実践コンサルタントとして、H.H.オーエン・アンド・カンパニーを設立。また、組織のトランスフォーメーションについて初めての国際シンポジウム（First International Symposium on Organization Transformation）を開催。オープン・スペース・テクノロジーの創始者でもある。代表著書は以下の通り。

『Spirit: Transformation and Development in Organization』、『Leadership Is』、『Riding the Tiger』、『The Millennium Organization』、『Tales From Open Space』、『Expanding Our Now: The Story of Open Space Technology』（すべて原題）。

オーエン氏の主なクライアントは以下の通り。
オーウェンス/コーニングファイバーグラス、プロクター・アンド・ギャンブル、デュポン、イースタン・バージニア・メディカ

ル・オーソリティ、シェル（オランダ・カナダ）、ドイツのシェル・タンカース、PTT（the French Ministry of Telecommunication）、U.S.フォレスト・サービス、アメリカ合衆国国税庁、ジョナサン・コーポレーション、米陸軍、IKEA（スウェーデン）、Statoil（ノルウェー）、SAS エアライン、ヤング・プレシデント・オーガニゼーション、シティ・ユニバーシティ・ビジネス・スクール（ロンドン）、Groningen University Business School（オランダ）、タージ・ホテル・グループ（インド）、Congresso de Desarrollo Organizacional（メキシコ）、ペプシコーラ（ベネズエラ）、ナショナル・エデュケーション・アソシエーション、トロント・ドミニオン銀行（カナダ）、アメリカン・マネジメント・システム、アメリカン・ソサエティ・オブ・トレーニング・アンド・ディベロップメント、スコット・ペーパー、テルセル（ベネズエラ）、アメリカン・ソサエティ・オブ・アソシエーション・エグゼグティブ、長老教会（アメリカ）、アコー・ホテル・グループ（フランス）、Ermetek Corp（南アフリカ）、ユニオン・オブ・インターナショナル・アソシエーション（ベルギー）、ロックポート・シューズ、コーポレート・エクスプレス、世界銀行、AT＆T、IBM、USWEST、組織開発ネットワーク、ルーセント・テクノロジー、モントリオール銀行。

■訳者紹介

株式会社ヒューマンバリュー
組織変革や人材開発に関する国内外の最新潮流を調査研究し、情報発信するとともに、企業との協働的な取り組みを通して、企業の特性やニーズに合わせた変革プロセスのサポートや学習プログラムの提供を行っている。主な業務、AI・OSTなどを活用した組織変革・意識変革プロセス支援、人事制度構築と運用定着、アクション・ラーニングによるリーダーシップ開発、エグゼクティブ・コーチング、システム・シンキングによる思考トレーニング、エンゲージメント・サーベイなどの従業員満足度調査など。

http://www.humanvalue.co.jp

監修者：株式会社ヒューマンバリュー代表取締役　高間邦男
明治大学商学部卒業後、産能大学総合研究所に勤務後、同研究所事業本部講師を経て、1985年に有限会社ARM（現ヒューマンバリュー）を設立。学習する組織の長年の研究を基に、システム・シンキング、ダイアログ、アクション・ラーニング、コンピテンシーなどさまざまな切り口から企業の組織改革に取り組んでいる。著書に『コーチングの技術』（オーエス出版）『学習する組織』（光文社新書）がある。

訳者：高間寛
1953年東京生まれ。東京写真大学（現、東京工芸大学）卒業後、渡米。現在はサンフランシスコにおいて商業写真フォトグラファー、一流ホテルのための日本食コンサルタント兼派遣シェフをする傍ら、ヒューマンバリュー社関係の翻訳をしており、その翻訳文献は多数にわたる。

訳者：株式会社ヒューマンバリュー研究員　堀田恵美
1979年から1988年まで米国在住。慶応義塾大学大学院政策・メディア研究科修士課程修了。花田光世研究室にて組織開発・人材開発の研究に従事。ヒューマンバリュー入社後、エンゲージメント・サーベイの開発、AIの調査、コンサルティングを行っている。

訳者：株式会社ヒューマンバリュー研究員　御宮知香織
1990年から1993年までカナダ在住。聖心女子大学日本語日本文学科卒業。JPモルガン証券会社株式調査部勤務後、ヒューマンバリュー入社。AI・OST関連のリサーチャーおよびプロジェクト・コーディネーターとして活動している。

訳者：株式会社ヒューマンバリュー　プロジェクト・マネジャー　高間裕美子
聖心女子大学英語英文学科卒業後、イタリア留学を経て、The University of Reading（英国）Theatre Studies 修士課程修了。ヒューマンバリューに入社後、様々な組織改革に関わると共に、学習する組織、AI、OST関連のワークショップやコンファレンスなどを開催。イタリア、ミラノ在住。

■本書の出版にご協力いただいた方

制作プロデュース／関西シーエス　高木伸浩
校正／大八木智子
　　　株式会社ヒューマンバリュー齋藤啓子、北充生、西垣恵以子、
　　　阿諏訪博一、川口大輔、柳田知子
装丁／株式会社志岐デザイン事務所　志岐滋行
図版／株式会社ヒューマンバリュー　神宮利恵
イラスト／榊原唯幸

■　ヒューマンバリューの出版への想い

　株式会社ヒューマンバリューは、組織変革・人材開発の質の向上に貢献することをミッションとしています。その事業の一環として、組織変革・人材開発の潮流をリサーチする中で出会ったすばらしい理論・方法論のうち、まだ日本で紹介されていない重要なものを書籍として提供することにしました。

　国内で組織変革・人材開発に携わる皆さんのお役に立つように、スピーディーに海外の文献を翻訳し、紹介していく予定です。

　翻訳にあたっては、著者の意向をできるだけ尊重し、意味のずれがないように原文をそのまま活かし、原語を残す形でまとめています。

　今後新しい本が出た場合に情報が必要な方は、下記宛にメールアドレスをお知らせください。
　book@humanvalue.co.jp

Copyright © 1997 by Harrison Owen.
All rights reserved. No part of this publication may be reproduced, distributed, or transmitted in any form or by any means, including photocopying, recording, or other electronic or mechanical methods, without the prior written permission of the publisher, except in the case of brief quotations embodied in critical reviews and certain other noncommercial uses permitted by copyright law. For permission requests, write to the publisher, addressed 'Attention: Permissions Coordinator,' at the address below.

Berrett-Koehler Publishers, Inc.
235 Montgomery Street, Suite 650
San Francisco, CA 94104-2916, U.S.
Tel: +1-(415) 288-0260 Fax:+1-(415) 362-2512
www.bkconnection.com

Japanese translation rights arranged with
Berrett-Koehler Publishers, Inc., San Francisco
through Tuttle-Mori Agency, Inc., Tokyo

オープン・スペース・テクノロジー
～5人から1000人が輪になって考えるファシリテーション～

2007年1月30日　初版第1刷発行
2008年4月14日　初版第3刷発行

著　者 ── ハリソン・オーエン
訳　　　── 株式会社ヒューマンバリュー
発行者 ── 高間邦男
発　行 ── 株式会社ヒューマンバリュー　http://www.humanvalue.co.jp/books
　　　　　出版部 / 東京都港区北青山3-5-30 入来ビル8階　〒107-0061
　　　　　　TEL 03-5775-2888　　FAX 03-3408-5544
　　　　　本社 / 神奈川県足柄下郡湯河原町鍛冶屋831-24

落丁本・乱丁本は、お取り替えいたします。
印刷製本 / 株式会社シナノ
ISBN978-4-9903298-1-5